慶大の超人気授業が本になった!

本当によくわかる 韓国語初級

TAKEYA TAKAG
髙木丈

한국어
마스터

KADOKAWA

はじめに

韓流ブーム以降、韓国に興味を持ち、韓国語の勉強を始めた方が少なくないようです。書店の韓国語コーナーに行ってみても、ほんの20年前には考えることができなかったぐらい多くの本が並んでいます。私が教える大学でも韓国語を勉強する人の数は着実に増えており、うれしい悲鳴をあげています。

のべ3000人ほどの学生たちに韓国語を教えているうちに、その学びのパターンには一定の法則があることに気づきました。それは、新学期が始まる4、5月にしっかりと基礎を築けた人だけが学期末、さらには次学期以降に飛躍的に実力をアップさせているということです。もちろん、ことばを学ぶ目的やペースは人によって様々だと思いますが、この「**基礎を築く**」ことの重要性は韓国語の場合、強調してもしすぎることはないと感じています。

では、韓国語学習における「基礎」とは一体、何なのでしょうか。それは、

❶ **文字と発音**（の関係）
❷ **体言**（＝名詞など）**を使った基本表現**
❸ **用言**（＝動詞、形容詞など）**の活用と基本表現**

の3つをしっかりと理解し、身につけることだと考えています。実はこれらは学校の授業では最初の学期に徹底的に練習するものなのですが、ここで脱落してしまう学生は、以降の学習でどうしても挽回するのが難しいようです（逆にここできちんと基礎を築けた学生は、ドラマや映画はもちろん、本や雑誌を原語で楽しむなど、かなりのレベルに達しています）。そこで、私はこのような**基礎の習得が難しい**と感じる方々の役に立てればと思い、この本を書くことにしました。本書では、私が慶應義塾大学 湘南藤沢キャンパス（SFC）のインテンシブコースで実際に学生を教えてきた経験をもとに上記の❶から❸の内容を全48課に効率よくまとめています。**これをマスターす**

るだけで**韓国語の基礎の部分はしっかりと習得**できるように構成してあるので、基礎の強化をはかりたい方はもちろん、**全くの初心者の方、独学者の方**にも安心してお使いいただけます。

よく入門書には「韓国語は日本語と似ているため、楽にマスターできる」と書かれています。たしかにそれはある部分では合っているのですが、実際には文字からして日本語とは大きく異なりますし、発音も日本語にはないものが多くあり、**それなりの練習が必要**です。さらに、文法でも助詞や語尾の使い分けなど、**日本語と考え方が違う部分**があり、そこで挫折をする学生を多くみてきました。本書ではこのようなつまずきがちな部分を研究者ならではの視点も交えて**わかりやすく、体系的に解説**していますので、第1課から順を追って丁寧に学習を進めていただければと思います。

ときにはなかなか上達しない自分にいらだちを感じたり、スランプに陥ることもあると思います。しかし、どんなに難しく思えても、韓国語だって人が話すことばなのです。どんなときでも**マイペースに、楽天的に**勉強を続けていけば、必ずできるようになります。また、本書では練習問題を多く取り入れ、大事なことは繰り返し何度も出てくるようにしていますので、すぐにわからなくても「**괜찮아요!**（クェンチャナヨ）**（大丈夫！）**」の精神で気楽に学習に臨んで下さい。

さあ、それでは韓国語の豊かな世界へとご案内いたしましょう。この本で学ぶことはいわゆる単文の学習が中心で、韓国語の入り口にすぎないかもしれません。でもこれをマスターすれば「基礎は十分」という内容を厳選してありますので、第48課まで学び終えたあとは、以降の学習が必ずスムーズになるはずです。この本では**K-POPや文化、ライフスタイルなど、韓国の今を感じられる単語やフレーズもたくさん紹介**していますので、最後まで楽しく学んでいただけることを心から願っています。

2021年11月

髙木丈也

この本の使い方

本書では、韓国語の入門・初級段階において最も重要な「基礎」を

❶ **文字と発音編**（第1～20課）
❷ **体言を使った基本表現編**（第21～28課）
❸ **用言の活用と基本表現編**（第29～48課）

の３章に分けて学習していきます。

本書は１週間で4課分、12週間（＝約3か月）で全48課分をマスターすることを目標にしています。各週、1～4日目には新しい文字や発音、文法、表現を学び、5～7日目には 今週のチャレンジ で復習ができるようになっています。各課は４ページずつで、１日で学ぶのにピッタリな分量です。各課の構成は、次のようになっています。

ここが要点

各課のメインパートです。その課で押さえておきたい要点が１つか２つずつ出てきます。まずはタイトルに書かれたその課の内容のポイントを確認してから、説明を読みましょう。例としてあげられた単語や文は、**最低10回は音読**することをおすすめします。

※本書の第１章、第２章と第３章の一部は、ストリーミングサイトで音声を聞くことができます。p.５の「音声の聞き方」を参照して下さい。

マスターのコツ

要点を効率よく覚えるためのコツを紹介しています。学習内容が難しいと感じた方はぜひチェックしてみて下さい。

レベルアップコラム

余裕のある方にはぜひ、知っておいていただきたい発展的な内容を紹介しています。難しいと感じる方は飛ばしてもかまいません。

4課ごとに入る 今週のチャレンジ は、**各課の学習が終わったタイミングで一度挑戦し、日をあけて再び取り組む**と、より効果的です。また、週によっては、今週のチャレンジ のあとに 丸覚えフレーズ があり、覚えておくと便利なひとこと表現を紹介しています。韓国語の豊かな響きを味わいながら、繰り返し発音してみて下さい（ここで紹介するフレーズは、文法的なことは気にせずに、そのまま覚えてしまうと役に立ちますよ）。

このほかに4週に1回ずつ 今月の復習 があり、それまでに学んだ内容をもう一度、復習することができます。さらに、テーマ別単語集 では、テーマごとの語彙力アップをサポートします。

- 本書はハングル能力検定試験5～4級の内容を扱っていますが、後半は文法、表現の練習が中心となるため、単語に関しては、十分なリストを掲載していません。本書での学習と並行して、単語帳などを参照することをおすすめします。
- 本書では、単語を提示する際に次のようなかっこを用いています。
  [ ]　実際の発音　　〔 〕漢字語（常用漢字）、外来語

音声の聞き方

本書内のQRコードから、その箇所の音声を聞くことができます。スマートフォンなどからQRコードにアクセスして、音声を再生して下さい。

音声が聞けるのは、第2～ 20課、第25課、第26課、第28課、第30課、今週のチャレンジ①～⑤、今月の復習①、使える！ 丸覚えフレーズ①～㉘となります。

※音声をお聞きいただく際の通信費はお客様のご負担となります。

※なお本サービスは予告なく終了する場合があります。あらかじめご了承下さい。

CONTENTS

第2章 体言を使った基本表現編

第3章 用言の活用と基本表現編

●本書を執筆するにあたって参考にした主な本は、以下のとおりです。
『외국어로서의 한국어 문법사전』（백봉자、하우기획출판、2006年）／『朝鮮語の入門』（菅野裕臣 著／浜之上幸・権容璟 改訂、白水社、2007年）／『新・至福の朝鮮語』（野間秀樹、朝日出版社、2007年）／『しくみで学ぶ初級朝鮮語』（内山政春、白水社、2008年）／『ことばの架け橋 改訂版』（生越直樹・曺喜澈、白帝社、2011年）／『基本ハングル文法 初級から中級まで』（趙義成、NHK出版、2015年）／『朝鮮語を学ぼう 改訂版』（菅野裕臣 監修／朝鮮語学研究会 編著／浜之上幸 改訂、三修社、2015年）／『ハングル ハングルⅠ・Ⅱ　한글 한 그루 Ⅰ・Ⅱ』（髙木丈也、金泰仁、朝日出版社、2020、2021年）／『改訂版　一冊目の韓国語』（五十嵐孔一、東洋書店新社、2020年）／『これならわかる 韓国語文法 入門から上級まで』（中島仁、NHK出版、2021年）

アートディレクション・デザイン：chichols
イラスト（人物など）：ふるやまなつみ
イラスト（図解）：秋葉あきこ
韓国語校正：黒島規史　高在弼　山崎玲美奈　徐旻廷
日本語校正：文字工房燦光
DTP：山口良二　黒柳慈永
音声ナレーション：朴天弘　徐旻廷　小菅玲菜
音声収録：メディアスタイリスト
音声データ作成協力：せきねかおり
編集：原田裕子

第1章

文字と発音編

第1課 ▶ 第20課

まず、第12課までは、ハングルの読み方を
1つ1つ練習していきましょう。
そして、第13課からは
文字をつなげて読む練習をします。
スラスラ読めるようになるのが楽しみですね。

第1課　韓国語イントロダクション①

文字と発音編

第1課から第20課まででは、韓国語の文字と発音をじっくりと学んでいきます。まず第1課では、学習を始めるにあたって知っておきたい文字の特徴について説明しておきましょう。

ここが要点

1 ハングル=文字の名称

私たちがこれから学ぶこのことばは、**韓国語**や**朝鮮語**などとよばれ、韓国や北朝鮮、アメリカ、中国、日本、中央アジアなどに**おおよそ8,000万人の話者**を持ちます。世界の言語の数は7,000ほどあるといわれますが、そのうち14番目程度の話者人口を持つとされ、この数字はアジアの言語ではジャワ語やベトナム語と同規模だといわれています。

さて、韓国語を表記する○や□、棒(ー、｜)などからなる暗号のような形をした文字。ご記憶にありますよね。あの文字の名称を**ハングル**(**한글**〔ハングル〕)といいます。ここでハングルについて面白いことを1つだけ。それは、この文字はいつ誰が作ったかが文献上、わかっているということです。時は15世紀。当時、朝鮮半島では自国のことばを書き表す文字を漢字以外に持たず、様々な場面で不都合が生じていました。そんな状況を哀れんだ朝鮮王朝 第4代の王、世宗〔セジョン〕は有能な学者たちを集賢殿という組織に呼び寄せ、庶民にも学びやすい文字を新たに作るよう命じます。そして、3年にわたる試行錯誤の末、1446年に**『訓民正音』**という書物により公布されたのがハング

ルなのです。このハングルという文字、母音字と子音字の組み合わせから構成されており、とても合理的な作りになっているのですが、これについては›› ここが要点❷ で説明することにしましょう。

レベルアップコラム

韓国では10,000ウォン紙幣にハングルの創製を命じた世宗（セジョン）の肖像画が描かれているほか、ハングルの創製を記念して10月9日が国民の祝日（ハングルの日）に制定されています。それだけこの文字が民族の誇りとして大事にされているということですね。

ところで、日本ではたまに言語名として「ハングル語」という名称が使われることがありますが、「ハングル」が文字の名称である以上、このような使い方は避けなければなりません（日本語のことを「ひらがな語」というようなものですね）。なお、このことばの名称はほかのことばに比べて少し複雑で、例えば韓国の人は**한국어**（ハングゴ）（韓国語）、**한국말**（ハングンマル）（韓国のことば）などとよぶのに対し、北朝鮮の人は**조선어**（チョソノ）（朝鮮語）、**조선말**（チョソンマル）（朝鮮のことば）などとよんでいます。ただし、よび方は違ってもこれらはあくまで１つの言語で、互いの意思疎通に大きな問題はありません。

ソウルの光化門広場に建てられた世宗の銅像。

『訓民正音』（解例本）。ハングルを世に知らしめた書。

写真提供：韓国観光公社

ここが要点 2

ハングルは子音字のパーツと母音字のパーツに分解可能

ここからは「文字」としてのハングルの特徴に迫っていきましょう。まずは、ひらがなと（英語などを表記する）アルファベットで書かれた「さ」「く」「ら」という文字を比べてみましょう。

さ　く　ら　sa　ku　ra

この２種類の表記をみて、違うと思ったのはどこでしょうか。そうですね。同じ「さくら」という音を表しているのに、**ひらがなでは３文字、アルファベットではなんとその倍、６文字**が使用されていますね。でも、一体なぜこのような違いが生じるのでしょうか。例えば「さ」という文字をみてみましょう。ひらがなでは「さ」と１文字で表記しているところ、アルファベットでは「s」、そして「a」と２文字に分けて表記していますね（同じことは「く⇔k+u」や「ら⇔r+a」にもいえます）。このようにアルファベットでは１つの音を表す際に**s、k、rなどの子音字、a、uなどの母音字を組み合わせて**書くため、どうしても文字数が多くなるのです。

さて、では私たちがこれから学ぶハングルはこれらのうち、どちらに近いのでしょうか。ちょっとみてみましょう。

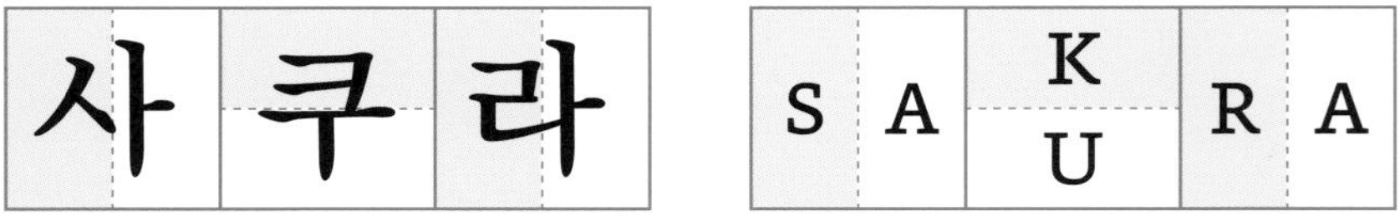

ここに示したモデルのうち、オレンジ色になっている部分が子音を表すパーツ、そして白の部分が母音を表すパーツです。もうおわかりですね。ハングルは**母音字と子音字により１つの音**を書き表すという意味においては、

アルファベットに似た性質を持つということができます。ただし、**쿠**＝kuという文字に注目して下さい。ハングルではこのように1つの音を表記する際に子音字と母音字を（左右ではなく）上下にまとめて書くことがあるという点は英語とは異なります。このように1音を表すために、子音字と母音字をまとめて書いたものを（単位）文字とよびますが、この作り方については、また追って説明しますので、今のところは「なるほど」という程度に思っておいて下さい。

マスターのコツ

以前、英語圏の方に日本語を教えていたとき、「かきくけこ」という文字を見て、「この中のどこにkが入っているのか」と不思議そうに尋ねられたことがあります。普段、日本語では子音（字）や母音（字）といった概念を意識することはほとんどありませんが、韓国語の勉強では、この区別が様々な場面でとても重要になってきます。本書では発音を説明する際に、仮名だけでなく、発音記号（アルファベットをベースにした記号）も一緒に示してあるので、これもあわせて参考にして下さい。

ところで、韓国語では音の先頭に立つs, k, rのような子音を初声（しょせい）、それに続くa, uのような母音を中声（ちゅうせい）といいます（詳しくは ›› 第10課 で学びます）。本書では、次の ›› 第2課 から ›› 第18課 までで、ハングルの子音（字）や母音（字）について段階的に学んでいきますので、無理なくマスターすることができます。

第1課の学習はいかがでしたか。›› 第2課 からはいよいよ文字と発音の学習が始まります。はじめは暗号のようにしか見えなかったハングルにも、少しずつ音や意味が感じられるようになってくるはずです。一緒に頑張りましょう！

第2課

<中声> 基本の母音

ㅏ ㅣ ㅜ ㅡ ㅔ ㅐ ㅗ ㅓ ［母音①］

いよいよ本格的な文字と発音の学習に入ります。この課では、最も基本となる母音字とその発音（8つ）を学びましょう。スマートフォンなどから右のQRコードにアクセスして、音声をよく聞きながら練習しましょう。

ここが要点 1

シンプルな母音は8つ。ポイントは唇や口の形

日本語の「あ、い、う、え、お」にあたる音を**母音**といいます。その中でも発音の初めから終わりまで音が変わらない**基本の母音**が、韓国語には**全部で8つ**あります。さっそくその文字と発音をみてみましょう。

基本の母音	あ	ㅏ ［a］	口を広く開けて「あ」
	い	ㅣ ［i］	口を横に引いて「い」
	う	ㅜ ［u］	唇を丸く突き出して「う」
		ㅡ ［ɯ］	口を横に引いて「う」
	え	ㅔ ［e］	日本語の「え」のように
		ㅐ ［e(ɛ)］	
	お	ㅗ ［o］	唇を丸く突き出して「お」
		ㅓ ［ɔ］	口を広く開けて「お」

まず、「あ」ㅏは口を広げて、「い」ㅣは口を横に引いて発音しますが、これらに似た音は、それぞれ１種類ずつしかないため、よほどのことがない限り、混同することはありません。また、「え」にあたる母音はㅔとㅐの2つがあり、かつては口の開き方に若干の違いがありましたが、最近ではほとんど日本語の「え」(e)のように発音されているので、それほど神経質になることはないでしょう。一方で注意したいのは、「う」(ㅜ⇔ㅡ)と「お」(ㅗ⇔ㅓ)にあたる音の区別です。この2つは »マスターのコツ で説明するように唇や口の形に注意しながら、意識的に練習しましょう。

マスターのコツ

日本語の「う」、「お」に近い母音は、それぞれ2つありますが、いずれも日本語の「う」、「お」と全く同じではないので、発音のポイントをしっかりと理解しておきましょう。まず、ㅜ［u ウ］、ㅗ［o オ］は、口笛を吹くときのように唇を突き出して発音します。ちょっとこもったような音が出ていたら合格です。また、ㅡ［ɯ ウ］は口角が上がるように口を横に引いて、ㅓ［ɔ オ］は日本語の「あ」のように口を広く開けて発音しましょう。イラストも参考にして、初めは少し大げさなぐらいに練習してみて下さい。

ㅜ［u ウ］, ㅗ［o オ］
の唇の形
（唇を丸く突き出して）

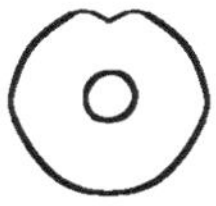

ㅡ［ɯ ウ］
の口の形
（口を横に引いて）

ㅓ［ɔ オ］
の口の形
（口を広く開けて）

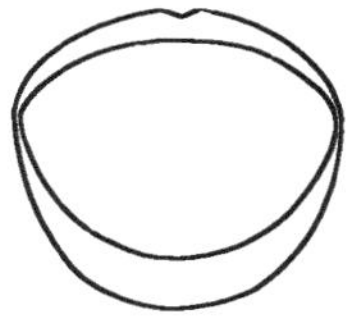

ところで、「え」にあたるㅔとㅐは発音するときは区別をしなくてもよいですが、書くときにはしっかりと使い分けなければなりません。これは、日本語で同じ「zu」と発音する場合であっても「ちず(地図)」と「つづく(続く)」で異なる文字を使うことと似ています。つまり単語ごとに使う文字が決まっているのです。

ここが要点 2

バランスにこだわるハングル。ゼロ子音字が活躍

››第1課 でみたように、ハングルは子音字と母音字を組み合わせて1つの(単位)文字を形成しますが、「a」や「o」など母音だけからなる音を書き表す場合、子音字がないと文字としての形が悪くなるため、バランスを整えるために、子音がないことを表すㅇ(ゼロ子音字)を書くことになっています。これはアルファベットで例えるなら、aを「φa」、oを「φo」と書くようなものですね。

● 母音字だけ書く(子音字なし)＝左右、上下のバランスが悪い

ㅏ ㅣ ㅜ ㅡ ㅔ ㅐ ㅗ ㅓ

● ゼロ子音字ㅇを書く＝文字としてのバランス、形が整う

아 이 우 으 에 애 오 어

● 書き順

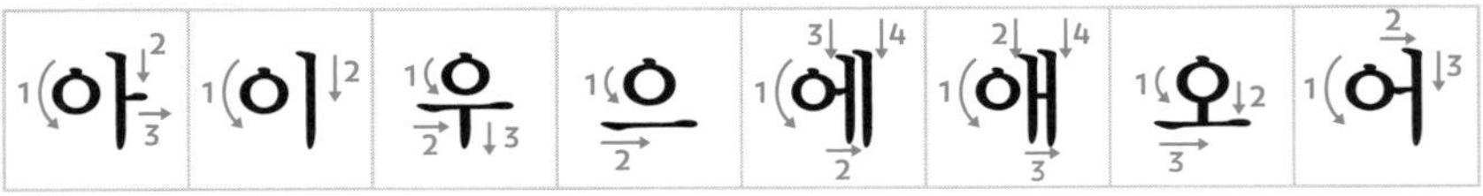

- 子音字→母音字の順に書く。
- ㅇは左から右に(反時計回り)。線は上から下、左から右に。
- フォントによってはㅇやㅣのように書き出しの点(筆の入り)が現れることがあるが、手書きの場合は気にしなくてよい。

上に示した文字のうち、ㅇが書かれている部分が子音字の入る位置です。こ

れをみてわかるように、子音字と母音字の配し方は、**아**、**이**のように母音字に縦長の線を含む場合は子音字が左、母音字が右（左右型）に、**우**、**으**のように母音字に横長の線を含む場合は子音字が上、母音字が下（上下型）になります。いずれも小学生のときに使った漢字ドリルの正方形のマス目をイメージしながら、子音字と母音字を左右、上下にバランスよく書くよう心がけましょう（>> 今週のチャレンジ❶ にハングルを書く練習を用意しましたので、ぜひ活用して下さい）。

マスターのコツ

教室で基本の母音字を説明すると、**에**[e エ]と**애**[e エ]がなかなか読めるようにならないという学生が意外に多くいます。そんな方はこれらの文字を分解してみましょう。母音字の部分をよくみて下さい。ㅔ[e エ]はㅓ[ɔ オ]+ㅣ[i イ]から、ㅐ[e エ]はㅏ[a ア]+ㅣ[i イ]から作られた母音であることがわかりますね。これらの組み合わせがなぜ「エ」の音になるかは、一見わかりにくいのですが、日本語の「sugoi」（すごい）が「suge-」（すげー）に、「itai」（いたい）が「ite-」（いてー）になるのと似ていると考えれば、覚えやすいですね。

では、この課で学んだ母音字からなる単語などを読んでみましょう。初めはゆっくりでもよいので、唇や口の形に注意しながら丁寧に発音して下さい。

아이 ［ai アイ］子供
우아 〔優雅〕［ua ウア］優雅
이어 ［iɔ イオ］続けて
에이 ［ei エイ］A（アルファベット）
오아이오아이 ［oaioai オアイオアイ］O!Oi（韓国のファッションブランド）

第3課

<初声> 鼻音／流音

ㄴ ㅁ ㅇ／ㄹ ［子音①］

この課では、子音字とその発音（4つ）を学びます。»第2課で学んだ基本の母音字と組み合わせて、色々な文字を読む練習をしてみましょう。

ここが要点 1

ㅇをほかの子音字に入れ替えて、様々な発音を

»第1課で学んだようにハングルは子音字と母音字の組み合わせによって構成されます。»第2課では基本の母音字(8つ)を学びましたが、これらに子音字を組み合わせることで様々な音を表すことができます。この課では、鼻音、流音の子音字とその発音を学びましょう。

ゼロ子音	ㅇ ［φ］	母音だけの発音をする
鼻音	ㄴ ［n］	日本語のナ行のように
	ㅁ ［m］	日本語のマ行のように
流音	ㄹ ［r］	日本語のラ行のように

表の一番上の子音字は見覚えがありますね。»第2課で学んだように母音だけからなる音を表すとき、このゼロ子音字ㅇを母音字の左か上に書いて、文字としてのバランスを整えるのでした。ここでゼロ子音字と基本の母音字（8つ）の組み合わせをちょっと復習してみましょう。

아	이	우	으	에	애	오	어
[a ア]	[i イ]	[u ウ]	[ɯ ウ]	[e エ]	[e エ]	[o オ]	[ɔ オ]

それぞれの母音を発音するときの唇や口の形は大丈夫ですか。では、今度は○の位置にナ行の子音字＝ㄴ[n]を入れてみましょう。

나	니	누	느	네	내	노	너
[na ナ]	[ni ニ]	[nu ヌ]	[nɯ ヌ]	[ne ネ]	[ne ネ]	[no ノ]	[nɔ ノ]

次に、○の位置にマ行の子音字＝ㅁ[m]を入れてみましょう。

마	미	무	므	메	매	모	머
[ma マ]	[mi ミ]	[mu ム]	[mɯ ム]	[me メ]	[me メ]	[mo モ]	[mɔ モ]

最後に、○の位置にラ行の子音字＝ㄹ[r]を入れてみましょう。

라	리	루	르	레	래	로	러
[ra ラ]	[ri リ]	[ru ル]	[rɯ ル]	[re レ]	[re レ]	[ro ロ]	[rɔ ロ]

● 書き順

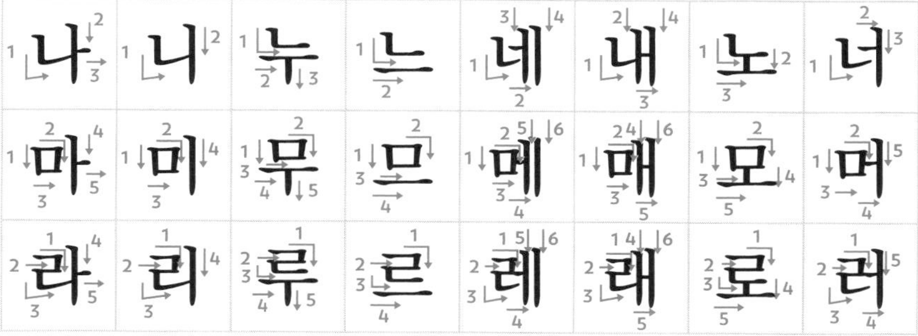

マスターのコツ

ㄴ[n]やㄹ[r]は、ㅏ、ㅔのように子音字が左、母音字が右にくる場合(左右型)と、ㅗ、ㅡのように子音字が上、母音字が下にくる場合(上下型)で若干、字形が異なります。これも文字としてのバランスを整えるためです。

〈左右型〉	〈上下型〉
나　네	노　느
라　레	로　르

ところで、子音字の形がなかなか覚えられない方は、そのハングルが作られた背景をイメージするとよいですよ。例えば、**나**[na ナ]、**니**[ni ニ]、**누**[nu ヌ]と言ってみて下さい。このとき、舌先は前歯の裏側にピタッとくっ付いていますね。一方、**마**[ma マ]、**미**[mi ミ]、**무**[mu ム]の場合はどうでしょうか。上と下の唇がしっかり閉じられていることがわかると思います。ハングルを作った世宗(セジョン)らは、このような特徴に注目し、次のように発音するときに使う場所(発音器官)をかたどって文字を作ったのです。

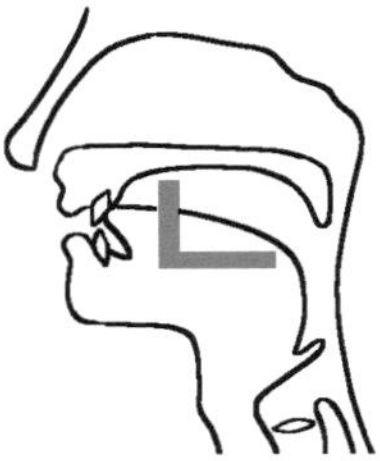

ㄴ[n]は舌先の音

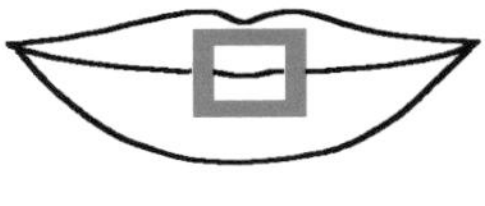

ㅁ[m]は唇の音

※ㄹ[r]の中にもㄴ[n]の形が見えますので、便宜上、これも舌先の音と覚えておくとよいでしょう。

これまでに学んできた子音字、母音字を組み合わせるだけでも、すでに色々なことばを読んだり、書いたりできますよ。いくつか例をみてみましょう。

너무 [nɔmu ノム] とても

머리 [mɔri モリ] 頭

네오 [neo ネオ] NEO（カカオフレンズのキャラクターの猫）

아미 [ami アミ] ARMY（BTSのファンクラブ）

미모〔美貌〕[mimo ミモ] 美貌

어머니 [ɔmɔni オモニ] お母さん、母

모르니? [morɯni モルニ] 知らないの?

내 아내 [ne ane ネアネ] うちの妻

우리 나라 [uri nara ウリナラ] 我が国

무아무아 [muamua ムアムア] muahmuah
（韓国のファッションブランド）

このほかの単語も ›› 第４課 の後の ›› 今週のチャレンジ❶ で練習してみましょう。

第4課

<中声> ヤ行母音

ㅑ ㅠ ㅖ ㅒ ㅛ ㅕ ［母音②］

ヤ行母音の文字と発音（6つ）を学びます。新しい文字が次々に出てきて驚かれるかもしれませんが、ヤ行母音は›› 第２課 で学んだ基本の母音（字）がわかれば、とても簡単ですから、安心して勉強を進めて下さい。

ここが要点

1 基本の母音字に短い画を足して、ヤ行音に

›› 第２課 で基本の母音字(8つ）を学びましたが、発音には少しずつ慣れてきたでしょうか。ここでまたちょっと復習してみましょう（ここではゼロ子音字ㅇとの組み合わせでみることにします）。

아	이	우	으	에	애	오	어
［a ア］	［i イ］	［u ウ］	［ɯ ウ］	［e エ］	［e エ］	［o オ］	［ɔ オ］

これら基本の母音字のうち、**이**、**으**以外の6つに短い画を1本足してみましょう。次のような文字ができあがりますね。

야		유		예	얘	요	여
［ja ヤ］		［ju ユ］		［je イェ］	［je イェ］	［jo ヨ］	［jɔ ヨ］

短い画を１本加えてできたこれらの文字、実は**ヤ行母音**を表すという共通点を持ちます。ヤ行母音というのは、**아**[a ｱ]→**야**[ja ﾔ]、**우**[u ｩ]→**유**[ju ﾕ]のように、**もとになった母音のヤ行音**のことで、発音記号では[j〜]（アルファベットではy〜）で表される音です。これらを発音するときの唇や口の形は、もとの母音と同じでよいので、例えば**요**[jo ﾖ]なら**오**[o ｵ]と同じように唇を丸く突き出して、**여**[jɔ ﾖ]なら**어**[ɔ ｵ]と同じように口を広く開けて発音します。»第２課で学んだ発音の要領を思い出しながら、それをヤ行で言う練習をしてみましょう。

マスターのコツ

基本の母音字に短い画を１本足すことによりヤ行音を表すことを学びましたが、この短い画の正体は何なのでしょうか。実はこれ、母音字**이**[i]を簡略化したものなのです。つまり、**야**は**이**[i ｨ]と**아**[a ｱ]を一息で言う音なので、イア・イア・イァ…（速く言う）→ヤ（ja）、**예**は**이**[i ｨ]と**에**[e ｴ]を一息で言う音なので、イエ・イエ・イェ…（速く言う）→イェ（je）になるというわけです。このようにハングルには、**１つの（単位）文字における子音字、母音字の組み合わせは、一息で（＝１拍で）発音する**というルールがあります。こうした考え方は今後も出てくるので、覚えておくと役に立ちますよ。

ここが要点 2

子音+ヤ行母音の組み合わせは、よく使われるものを集中的に

≫ここが要点❶ で学んだ6つの母音字も基本の母音字と同じように様々な子音字と組み合わせることができます。ここでは参考までに、≫第３課 で学んだ（ㅇ以外の）子音字との組み合わせを全て示しますが、実際によく使われるペアはほぼ決まっているので、今のところは ■ で示した文字を読めるようにしておけば十分です。音声をよく聞いて練習しましょう。

냐 [nja ニャ]	뉴 [nju ニュ]	녜 [nje ニェ]	냬 [nje ニェ]	뇨 [njo ニョ]	녀 [njɔ ニョ]
먀 [mja ミャ]	뮤 [mju ミュ]	몌 [mje ミェ]	먜 [mje ミェ]	묘 [mjo ミョ]	며 [mjɔ ミョ]
랴 [rja リャ]	류 [rju リュ]	례 [rje リェ]	럐 [rje リェ]	료 [rjo リョ]	려 [rjɔ リョ]

マスターのコツ

뉴や**려**のような［（ゼロ子音以外の）子音＋ヤ行母音］の発音が難しいという声をよく聞きます。そういうときは、**ㄴ**［n］はニャ行、**ㅁ**［m］はミャ行、**ㄹ**［r］はリャ行の日本語をイメージするとよいでしょう。つまり、次のような音によく対応しています。

ㄴ［n］＋ヤ行母音 ➡ ニャ、（ニ）、ニュ、ニェ、ニョ［ニャ行］
ㅁ［m］＋ヤ行母音 ➡ ミャ、（ミ）、ミュ、ミェ、ミョ［ミャ行］
ㄹ［r］＋ヤ行母音 ➡ リャ、（リ）、リュ、リェ、リョ［リャ行］

2、3度、日本語のニャ行、ミャ行、リャ行で口慣らしをしてから、ハングルの発音練習をすると、ずっとスムーズに言うことができると思います。ただし、**뉴**[nju ﾆｭ]は日本語の「ニュ」より唇を丸く突き出すこと、**려**[rjɔ ﾘｮ]は日本語の「リョ」より口を広く開けることを忘れないようにしましょう。

これまでに学んだ子音字、母音字を組み合わせた単語などです。母音を発音するときの唇や口の形にも注意して、読んでみましょう(カナは困ったときのヒント用です。まずはハングルを見て、あるいは音声を聞いて読む練習をして下さい。大きな声で10回ずつ発音してみましょう)。

예 [je ｲｪ] はい
메뉴 〔menu〕[menju ﾒﾆｭ] メニュー
여우 [jɔu ﾖｳ] きつね
우유 〔牛乳〕[uju ｳﾕ] 牛乳
미녀 〔美女〕[minjɔ ﾐﾆｮ] 美女
요요 〔yoyo〕[jojo ﾖﾖ] ヨーヨー(おもちゃ)
아뇨 [anjo ｱﾆｮ] いいえ
느려요 [nɯrjɔjo ﾇﾘｮﾖ] 遅いです
아니야? [anija ｱﾆﾔ] 違うの？
우려내요 [urjɔnejo ｳﾘｮﾈﾖ] (お茶を) 入れます

これでWEEK1の勉強が終わりました。週の後半は、次ページから始まる ›› 今週のチャレンジ を使って、繰り返し練習しましょう！

今週のチャレンジ❶

第2～4課

※第1課の問題はありません。

※以降、ハングルを発音しながら書く練習は、紙面の関係で2～3回分のみ掲載していますが、漢字練習帳やノートなどを別途、用意して繰り返し練習すると効果的です。

第2課の問題

1 発音しながら書いてみましょう。 >> ここが要点❶❷

아	이	우	으	에	애	오	어

2 発音してみましょう。 >> ここが要点❶❷

やってみよう

❶ **이**〔二〕2
❷ **오**〔五〕5
❸ **애** 子供〈話しことば〉
❹ **아이** 子供
❺ **오이** きゅうり
❻ **에이**〔A〕A〈アルファベット〉
❼ **우아**〔優雅〕優雅
❽ **이어** 続けて

第3課の問題

1 発音しながら書いてみましょう。 >>ここが要点❶

나	니	누	느	네	내	노	너

마	미	무	므	메	매	모	머

라	리	루	르	레	래	로	러

※p.30に続く。

●解答

※実際の発音は音声をよく聞いて確認して下さい。

［第2課］ **2** ❶[i イ] ❷[o オ] ❸[e エ] ❹[ai アイ] ❺[oi オイ] ❻[ei エイ] ❼[ua ウア] ❽[iɔ イオ]

2 聞こえた方に○をつけましょう。

>> ここが要点❶

やってみよう

❶ a：누나 b：나라
❷ a：나무 b：어느
❸ a：아래 b：노래
❹ a：무리 b：마리
❺ a：모레 b：미래
❻ a：메모 b：매너

3 発音してみましょう。

>> ここが要点❶

やってみよう

❶ 아래 下
❷ 무리〔無理〕無理
❸ 누나（弟からみた）姉
❹ 메모〔memo〕メモ
❺ 매너〔manner〕マナー
❻ 노래 歌
❼ 모레 あさって
❽ 나라 国
❾ 미래〔未来〕未来
❿ 나무 木
⓫ 어느 どの
⓬ 네 마리 4匹

第4課の問題

1 発音しながら書いてみましょう。

>> ここが要点❶

야	유	예	애	요	여

2 発音しながら書いてみましょう。

>>ここが要点❷

뉴	뇨	녀	며	료	려

3 聞こえた方に○をつけましょう。

>>ここが要点❶❷

やってみよう

❶ a: **우유** b: **유리**
❷ a: **무료** b: **요리**
❸ a: **여유** b: **여러**
❹ a: **뉴스** b: **여우**
❺ a: **요리** b: **여유**
❻ a: **여우** b: **우유**

4 発音してみましょう。

>>ここが要点❶❷

やってみよう

❶ **여우** きつね
❷ **여유**〔余裕〕余裕
❸ **예** はい
❹ **요리**〔料理〕料理
❺ **우유**〔牛乳〕牛乳
❻ **애** この子
❼ **유리**〔琉璃〕ガラス
❽ **뉴스**〔news〕ニュース
❾ **무료**〔無料〕無料
❿ **여러** 色々な

●解答

［第3課］ 2 ❶ a ❷ a ❸ b ❹ b ❺ b ❻ a 3 ❶［are アレ］ ❷［muri ムリ］ ❸［nuna ヌナ］ ❹［memo メモ］ ❺［menɔ メノ］ ❻［nore ノレ］ ❼［more モレ］ ❽［nara ナラ］ ❾［mire ミレ］ ❿［namu ナム］ ⓫［ɔnɯ オヌ］ ⓬［ne mari ネマリ］

［第4課］ 3 ❶ a ❷ a ❸ a ❹ a ❺ a ❻ a 4 ❶［jɔu ヨウ］ ❷［jɔju ヨユ］ ❸［je イェ］ ❹［jori ヨリ］ ❺［uju ウユ］ ❻［je イェ］ ❼［juri ユリ］ ❽［njusɯ ニュス］ ❾［murjo ムリョ］ ❿［jɔrɔ ヨロ］

第5課

<初声>平音　ㄱ ㄷ ㅂ ㅅ ㅈ［子音②］

平音とよばれる子音字とその発音（5つ）を紹介します。これまでに学んだ母音字と組み合わせれば、かなりの音を表せるようになりますよ。

ここが要点 1　平音は、「イ」・「2つのウ」との組み合わせに注意

息を強く出さずに柔らかく出す平音の子音字と発音について学びます。

平音	ㄱ［k］	日本語のカ行のように
	ㄷ［t］	日本語のタ行のように
	ㅂ［p］	日本語のパ行のように
	ㅅ［s/ʃ］	日本語のサ行のように
	ㅈ［tʃ］	日本語のチャ行のように

さっそく、基本の母音字（8つ）と組み合わせてみましょう。

가	기	구	그	게	개	고	거
［ka カ］	［ki キ］	［ku ク］	［kɯ ク］	［ke ケ］	［ke ケ］	［ko コ］	［kɔ コ］

다	디	두	드	데	대	도	더
[ta タ]	[ti ティ]	[tu トゥ]	[tɯ トゥ]	[te テ]	[te テ]	[to ト]	[tɔ ト]
바	비	부	브	베	배	보	버
[pa パ]	[pi ピ]	[pu プ]	[pɯ プ]	[pe ペ]	[pe ペ]	[po ポ]	[pɔ ポ]
사	시	수	스	세	새	소	서
[sa サ]	[ʃi シ]	[su ス]	[sɯ ス]	[se セ]	[se セ]	[so ソ]	[sɔ ソ]
자	지	주	즈	제	재	조	저
[tʃa チャ]	[tʃi チ]	[tʃu チュ]	[tʃɯ チュ]	[tʃe チェ]	[tʃe チェ]	[tʃo チョ]	[tʃɔ チョ]

一番下の行には[tʃ]という見慣れない発音記号が書かれていますが、これはチャ行の子音（チャ、チ、チュ、チェ、チョ）を表すものです。

● 書き順

この課で学んだ平音の子音字も ›› 第３課 で学んだㄴ[n]やㄹ[r]などと同様に、ㅏ、ㅔのように子音字が左、母音字が右にくる場合（左右型）と、ㅗ、ㅡのように子音字が上、母音字が下にくる場合（上下型）で若干、字形が異なります。これも文字としてのバランスを整えるためです。また、チャ行の子音字ㅈは、手書きの文字ではカタカナの「ス」（su）のように書いて構いません。

〈左右型〉	〈上下型〉
가　다 사　자	고　도 소　조

マスターのコツ

p.32からp.33上に示した文字のうち、　　がついている部分の発音は間違えやすいので、注意しましょう。次のような発音になります。

디 ［ti ティ］：タ行＋イ母音なので、「チ×」と読んでしまいがち。
（「チ」はチャ行＋イ母音で**지**［tʃi チ］により表す）

두 ［tu トゥ］：タ行＋ウ母音なので、「ツ×」と読んでしまいがち。

드 ［tɯ トゥ］：タ行＋ウ母音なので、「ツ×」と読んでしまいがち。

시 ［ʃi シ］：英語の影響で「スィ×」と読んでしまいがち。
（サ行＋イ母音なので、日本語と同様に「シ」でよい）

ところで、この課で学んだ子音字もそれらが作られた背景をイメージすると、覚えやすいですよ。下のイラストを参考にして下さい。

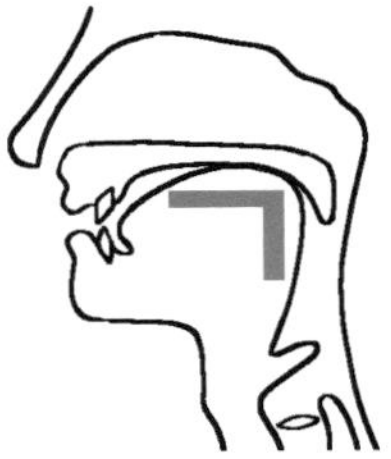

ㄱ［k］は舌の奥の音

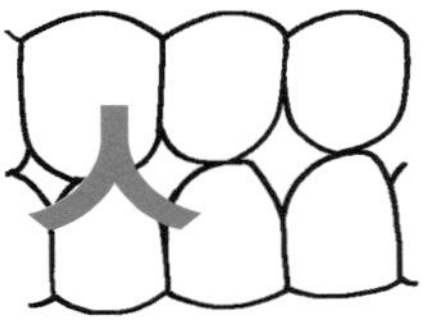

ㅅ［s/ʃ］は歯の音

このほかの文字もよく見ると、**ㄷ**［t］の中には舌先の音**ㄴ**［n］、**ㅂ**［p］の中には唇の音**ㅁ**［m］、**ㅈ**［tʃ］の中には歯の音**ㅅ**［s/ʃ］の字形がそれぞれ隠れていることがわかります。このように発音するときに使う場所（発音器官）が近いものは、文字も似ているので、とても覚えやすいですね。

주스 〔juice〕［tʃusɯ チュス］ジュース
가수 〔歌手〕［kasu カス］歌手
자리 ［tʃari チャリ］席
다녀요 ［tanjɔjo タニョヨ］通います
보여요? ［pojɔjo ポヨヨ］見えますか
그러나 ［kɯrɔna クロナ］しかし
드세요 ［tɯsejo トゥセヨ］召し上がります
더 사요? ［tɔ sajo トサヨ］もっと買いますか
어서 오세요 ［ɔsɔ osejo オソオセヨ］いらっしゃいませ

ここが要点 2 子音+ヤ行母音の組み合わせは、よく使われるものを集中的に

平音の子音字とヤ行母音(›› 第４課)の組み合わせもみてみましょう。ただし、実際によく使われるペアはほぼ決まっているので、今のところは下に示した文字を読めるようにしておけば十分です。音声をよく聞いて練習しましょう。

교	**셔**	**죠**	**져**
［kjo キョ］	［ʃɔ ショ］	［tʃo チョ］	［tʃɔ チョ］

※**죠**［tʃo］は**조**と、**져**［tʃɔ］は**저**と同じ発音になります。

교사 〔教師〕［kjosa キョサ］教師
져요 ［tʃɔjo チョヨ］負けます
가셔서 ［kaʃɔsɔ カショソ］行かれて

第6課

有声音化

［音変化など①］

この課にはちょっと不思議なタイトルがついていますが、新しく学ぶ文字はありません。どんな内容なのでしょうか。さっそく始めましょう。

ここが要点 1

平音は、発音される位置によって音が変わる

››第5課 で平音の子音字と発音(5つ)を学びました。覚えていますか。ちょっと復習してみましょう。

가	다	바	사	자
[ka カ]	[ta タ]	[pa パ]	[sa サ]	[tʃa チャ]

ㄱ、**ㄷ**、**ㅂ**、**ㅅ**、**ㅈ**は、それぞれカ行、タ行、パ行、サ行、チャ行を表す子音字であることを学びましたね。では、今度はこのうち、**사**[sa]以外の文字を取り出して、同じ文字を2つ横に並べてみましょう。[ ]の中の発音によく注目して下さい。

가가	다다	바바	자자
[kaga カガ]	[tada タダ]	[paba パバ]	[tʃadʒa チャヂャ]

どうですか。同じ文字のはずなのに続けて読まれると、後の文字の発音が変わっていることに気がついたでしょうか。例えば、**가가**だったら［kaka カカ］ではなくて、［kaga カガ］に、**자자**だったら［tʃatʃa チャチャ］ではなくて［tʃadʒa チャヂャ］になっています（［dʒ］はヂャ行の子音〈ヂャ、ヂ、ヂュ、ヂェ、ヂョ〉を表す発音記号です）。

これは一体どういうことなのでしょうか。実は、ハングルのㄱ、ㄷ、ㅂ、ㅈの4つの子音字は、単独で読まれるとき、あるいは単語の先頭にきたときは、カ行（k）、タ行（t）、パ行（p）、チャ行（tʃ）で発音されますが、単語の中で用いられたときには、ガ行（g）、ダ行（d）、バ行（b）、ヂャ行（dʒ）で発音されるというルールがあるのです。つまり、同じ文字であるにもかかわらず語頭では清音（濁らない音）、語中では濁音（濁る音）になるのです。このように4つの子音（平音）が語中で濁音になる現象を有声音化といいます。ここで表にまとめておきましょう。

		単独/単語の先頭（語頭）	単語の中（語中）	
平音	ㄱ	［k］日本語のカ行のように	有声音化	［g］日本語のガ行のように
	ㄷ	［t］日本語のタ行のように		［d］日本語のダ行のように
	ㅂ	［p］日本語のパ行のように		［b］日本語のバ行のように
	ㅈ	［tʃ］日本語のチャ行のように		［dʒ］日本語のヂャ行のように
	ㅅ	［s/ʃ］日本語のサ行のように		

ㅅは語頭でも語中でも濁らないということ、つまり常にサ行になることにも注意しましょう。

いくつか例を発音してみましょう。

너구리 [nɔguri ノグリ] タヌキ、ノグリ（インスタントラーメンの名前）
ⓧ nɔkuri ノクリ

애오개 [eoge エオゲ] エオゲ（地下鉄の駅名） ⓧ eoke エオケ

기다리다 [kidarida キダリダ] 待つ ⓧ kitarita キタリタ

두부〔豆腐〕 [tubu トゥブ] 豆腐 ⓧ tupu トゥプ

바바리〔BURBERRY〕[pabari パバリ] トレンチコート
ⓧ papari パパリ

부자〔富者〕 [pudʒa プヂャ] 金持ち ⓧ putʃa プチャ

스시〔寿司〕 [sɯʃi スシ] 寿司

今度は間違いやすい例をいくつかあげます。急がずにゆっくり考えて読んでみて下さい。

라디오〔radio〕 [radio ラディオ] ラジオ ⓧ ratio ラティオ
ⓧ radʒio ラヂオ

자주 [tʃadʒu チャヂュ] しょっちゅう ⓧ tʃatʃu チャチュ

사죠? [sadʒo サヂョ] 買いますよね ⓧ satʃo サチョ

マスターのコツ

有声音化は慣れてしまえば、意識しなくても自然にできるようになるのですが、最初はちょっと難しいですね。p.37に示した表の概念がどうしても覚えられないという方は、とりあえず**ㄱ**、**ㄷ**、**ㅂ**、**ㅈ**の4つの子音字については、語頭、語中を問わず常にガ行(g)、ダ行(d)、バ行(b)、ヂャ行(dʒ)で発音すると覚えてしまっても構いません(それでも意思疎通に大きな影響はありません)。つまり、**두부**(豆腐)を[dubu ドゥブ]、**기다리다**(待つ)を[gidarida ギダリダ]と発音してもOKということです。一方で、(語中で)濁ることを忘れて、[tupu トゥプ]、[kitarita キタリタ]と発音した場合には、通じない可能性があるので、注意しましょう。

ところで、教室で教えていると、**라디오**[radio ラディオ]や**자주**[tʃadʒu チャヂュ]などは、なかなか読むのに苦労する方が多いようです。わかりにくい場合は、(1)まず**単独の発音を確認**し、(2)その音に(日本語の)**点々をつけてみる**とわかりやすいですよ。つまり、**디**なら[ティ](単独の発音)→[ディ](点々をつけた発音)、**주**なら[チュ](単独の発音)→[ヂュ](点々をつけた発音)という具合です。ただし、仮名ではハングルの音を正確に表せませんので、あくまで困ったときの参考程度と考えて下さい。

レベルアップコラム

日本語の仮名では「点々」をつけることで濁音であることを表しますが、ハングルでは**単語の中の位置によって濁るかどうか**が決まるというのが面白いですね。ところで、日本語ではハ行(h)に点々がついてバ行(b)になりますが、ハングルでは**パ行(p)の子音であるㅂが語中に現れることでバ行(b)**になることに気をつけましょう(ハングルのハ行の子音については、›› 第8課 で学びます)。

第7課

<中声> ワ行母音／二重母音

ㅘ ㅚ ㅙ ㅟ ㅞ ㅝ／ㅢ ［母音③］

≫ 第4課 でヤ行母音の文字と発音（6つ）を学びました。実はこのほかにもワ行母音とよばれるグループがあります。この課では、その文字と発音（6つ）を学んだあと、二重母音（1つ）についても学びましょう。

ここが要点 1 ワ行音はㅗ、ㅜから作られる6つ。そのうち3つはウェ

基本の母音字（≫ 第2課）の中でも唇を突き出して発音するㅗ［o オ］とㅜ［u ウ］。この母音字に縦長の母音字（ㅏ、ㅣ、ㅔ、ㅐ、ㅓ）を組み合わせて、6つのワ行母音を表す文字が作られます。まずは、発音のイメージがしやすい4つからみていきましょう。

ㅗ［o ｵ］	＋	ㅏ［a ｱ］	➡	ㅘ ［wa ｵｧ/ﾜ］	ㅗからㅏを一息に
ㅜ［u ｳ］	＋	ㅣ［i ｲ］	➡	ㅟ ［wi ｳｨ］	ㅜからㅣを一息に
ㅜ［u ｳ］	＋	ㅔ［e ｴ］	➡	ㅞ ［we ｳｪ］	ㅜからㅔを一息に
ㅜ［u ｳ］	＋	ㅓ［ɔ ｵ］	➡	ㅝ ［wɔ ｳｫ］	ㅜからㅓを一息に

これらを発音するときのポイントは、2つあります。1つは唇を突き出してスタートさせるということ。そしてもう1つは、2つの母音字を左から右に一息に発音するということです。例えば、**와**という文字の場合、これを「オ・ア」と発音してしまうと、韓国語話者は「**오아**」、つまり2文字＝2拍のように聞き取ってしまいます。**와**は1文字＝1拍ですから、「オ」

から「ア」へと一気に続け、「オァ／ワ」のように発音することを心がけましょう。

これでワ行母音6つのうち4つはクリアしました。続いて残り2つもみていきましょう。次のような文字です。

ㅗ［o オ］＋ ㅣ［i イ］ ➡ ㅚ［we ウェ］
ㅗ［o オ］＋ ㅐ［e エ］ ➡ ㅙ［we ウェ］

最初にみた4つと同じ要領で発音すると、ㅚは「オィ」、ㅙは「オェ」となりそうですね。しかし、残念ながらそうはならず、**2つとも［we ウェ］という予想外の発音**になります。つまり、ㅞ［we ウェ］と同様にㅜからㅔを一息に出したような音になるわけです。これについては、難しいことは考えずに**例外としてそのまま**覚えてしまって下さい。つまり、結果として、**ㅞ＝ㅚ＝ㅙはいずれも［we ウェ］と発音**されると覚えておけばよいことになります。

さあ、これで6つのワ行母音を全て学びました。まとめて発音してみましょう。

와	위	웨	워	외	왜
［wa オァ/ワ］	［wi ウィ］	［we ウェ］	［wɔ ウォ］	［we ウェ］	［we ウェ］

なお、ワ行母音字も様々な子音字と結びつけることが可能ですが、やはり**よく使われるペアはほぼ決まっている**ので、少しずつ慣れていきましょう。

더워요 ［tɔwɔjo トウォヨ］暑いです
가위바위보〔一褓〕［kawibawibo カウィバ ウィボ］じゃんけんぽん
돼지 ［twedʒi トゥェヂ］豚　※ㅙ＝ㅞなので、［**뒈지**］と同じ発音。
교과서〔教科書〕［kjogwasɔ キョゴァソ］教科書
귀요미 ［kwijomi クウィヨミ］かわいこちゃん

ここが要点

2 最後の母音、ㅢを覚えよう

最後に二重母音の文字と発音を紹介します。これはㅢ[ɯi ｳｲ]という文字1つだけで、口を横に引くㅡ[ɯ ｳ]を発音してから、ㅣ[i ｲ]を一息に発音します。ㅡ[ɯ ｳ]もㅣ[i ｲ]も口を横に引く母音ですから、口の動きは比較的小さいことになります。

ㅡ [ɯ ｳ] ＋ ㅣ[i ｲ] ➡ ㅢ [ɯi ｳｲ] ㅡ から ㅣ を一息に

의자〔椅子〕[ɯidʒa ｳｲヂｬ]椅子

マスターのコツ

二重母音字**의**は、単語の先頭(語頭)では[ɯi ｳｲ]と発音されますが、単語の中(語中)では**이**と同じように[i ｲ]と発音されます。

의미〔意味〕[**의미** ɯimi ｳｲﾐ]意味
거의 [**거이** kɔi ｺｲ]ほとんど
의의〔意義〕[**의이** ɯii ｳｲｲ]意義

なお、**위**[wi ｳｨ]と**의**[ɯi ｳｲ]は似た音に聞こえますが、**위**は口を突き出す[uｳ]からスタートしたあと、[i ｲ]の音がかなり弱くなります(そのため、本書では、ｨを小さな文字で書いています)。一方、**의**[ɯi ｳｲ]の場合は、口を横に引く[ɯｳ]からスタートしたあと、さらに口を横に引いた[i ｲ]へと続けますが、後の[i ｲ]も比較的、音がはっきりと出ます。よく聞くと、けっこう違う音であることがわかると思います。

これで21の母音字とその発音が全て出そろいました。ここで改めてそれらの発音を確認しておきましょう。以下では、21の母音字を韓国語の辞書における配列順に従って示します（ が基本の母音字）。

아 [a ア]	애 [e エ]	야 [ja ヤ]	얘 [je イェ]	어 [ɔ オ]	에 [e エ]	여 [jɔ ヨ]
예 [je イェ]	오 [o オ]	와 [wa オァ/ワ]	왜 [we ウェ]	외 [we ウェ]	요 [jo ヨ]	우 [u ウ]
워 [wɔ ウォ]	웨 [we ウェ]	위 [wi ウィ]	유 [ju ユ]	으 [ɯ ウ]	의 [ɯi ウイ]	이 [i イ]

次の単語などを読んでみましょう。

배우〔俳優〕[peu ペウ] 俳優
무대〔舞台〕[mude ムデ] 舞台
데뷔〔debut〕[tebwi テブウィ] デビュー
뭐야～! [mwɔja ムウォヤ] 何だよ～！
저요? [tʃɔjo チョヨ] わたくしですか。
수수료〔手数料〕[susurjo ススリョ] 手数料
사이다〔cider〕[saida サイダ] サイダー
브이로그〔Vlog〕[pɯirogɯ プイログ] Vlog
기대돼요.〔期待－〕[kidedwejo キデドゥェヨ] 楽しみです。
※ㅙ＝ㅞなので、[**기대뒈요**]と同じ発音。
누가 나와요? [nuga nawajo ヌガナオァヨ] 誰が出ますか。

第8課

<初声>激音　ㅋ ㅌ ㅍ ㅊ ㅎ ［子音③］

新しい子音字とその発音を学びましょう。今回練習するのは、激音とよばれるグループの子音（5つ）で、日本語話者にはちょっと珍しい発音なので、しっかり練習しましょう。

ここが要点 1　韓国語らしい子音の1つ。激音は息を強く出しながら

韓国語を聞くと、普通に話しているのに「喧嘩をしているようだ」という方がたまにいます。でも、もちろんそんなわけはなく、何かしら日本語にはない発音の特徴からそうした印象を得ているようです。その1つがこの課で学ぶ**激音**とよばれるグループの子音だといえるかもしれません。この特徴は、ずばり**息を強く出しながら発音**するということ。発音記号では、[k^h]のようにhを子音字の右肩に書いて、**息が強く出る**ことを表します。なお、ここではハ行音を表すㅎ[h]も激音として扱うことにします。

激音	ㅋ [k^h]	日本語のカ行を強い息とともに
	ㅌ [t^h]	日本語のタ行を強い息とともに
	ㅍ [p^h]	日本語のパ行を強い息とともに
	ㅊ [$tʃ^h$]	日本語のチャ行を強い息とともに
	ㅎ [h]	日本語のハ行と同じように

激音の子音字は、字形としては、ㄱ(平音字)→ㅋ(激音字)、ㄷ(平音字)→ㅌ(激音字)のように »第５課 で学んだ平音の子音字に短い画を１本足したものが多いですね。これを発音するときには、**ティッシュを１枚口の前にかざして、その揺れ具合から息が強く出ているか**を確認するとよいでしょう(p.55のイラストも参考にして下さい)。なお、たまに激音の発音の要領を「大きい声で言うこと」と勘違いしてしまう方がいるのですが、**声の大きさは関係ない**ので注意しましょう(ひそひそ話でも激音は出すことができます)。

それでは、基本の母音字(8つ)と組み合わせて発音してみましょう。音声をよく聞きながら、息を強く出すことを意識して、何度も練習しましょう。

카	키	쿠	크	케	캐	코	커
[k^ha カ]	[k^hi キ]	[k^hu ク]	[k^hɯ ク]	[k^he ケ]	[k^he ケ]	[k^ho コ]	[k^hɔ コ]
타	티	투	트	테	태	토	터
[t^ha タ]	[t^hi ティ]	[t^hu トゥ]	[t^hɯ トゥ]	[t^he テ]	[t^he テ]	[t^ho ト]	[t^hɔ ト]
파	피	푸	프	페	패	포	퍼
[p^ha パ]	[p^hi ピ]	[p^hu プ]	[p^hɯ プ]	[p^he ペ]	[p^he ペ]	[p^ho ポ]	[p^hɔ ポ]
차	치	추	츠	체	채	초	처
[$tʃ^h$a チャ]	[$tʃ^h$i チ]	[$tʃ^h$u チュ]	[$tʃ^h$ɯ チュ]	[$tʃ^h$e チェ]	[$tʃ^h$e チェ]	[$tʃ^h$o チョ]	[$tʃ^h$ɔ チョ]
하	히	후	흐	헤	해	호	허
[ha ハ]	[hi ヒ]	[hu フ]	[hɯ フ]	[he ヘ]	[he ヘ]	[ho ホ]	[hɔ ホ]

マスターのコツ

激音は、発音記号では**카**[kʰa カ]のように**hを子音字の右肩に書いて、息が強く出ることを表す**と学びましたが、なぜhが激音の印になるのでしょうか。例えば、冬の寒い日にかじかんだ手に息を吹きかけるときにはどのようにしますか。「hhhh-(ハー)」といって喉の奥から息を吹きかけますよね。実はこのように「h」には、**喉の奥から息が漏れ出る**という特徴があるのです(そのため本書ではハ行音を表す**ㅎ**[h]も激音として扱っています)。この概念はあとで重要になるので、頭の片隅に留めておくとよいでしょう。

それから、»第5課 で平音の子音字についてみたとき、次の発音に注意することを学びました。

디	두	드	지
[ti ティ]	[tu トゥ]	[tɯ トゥ]	[tʃi チ]

これは、激音の場合も同じで

티	투	트	치
[tʰi ティ]	[tʰu トゥ]	[tʰɯ トゥ]	[tʃʰi チ]

という発音になります(p.45の　の文字)。

ここが要点 2 激音は語中でも有声音化しないことに注意

»第6課 で平音の子音(**ㄱ**、**ㄷ**、**ㅂ**、**ㅈ**)は語中で有声音化する(濁音になる)ことを学びました。一方でこの課で学んだ**激音の子音**(**ㅋ**、**ㅌ**、**ㅍ**、**ㅊ**、**ㅎ**)は、**語中でも濁ることがありません**。激音は**語頭、語中に関係なく、常にカ行、タ行、パ行、チャ行、ハ行を強い息とともに発音する**よう心がけましょう。

いくつか例をあげます。初めからスラスラ読めなくても大丈夫です。1つ1つの子音字、母音字がどのような音を表すかを思い出しながら、ゆっくり、丁寧に読んでみて下さい。

커피〔coffee〕[k^hɔp^hi コピ゜] コーヒー ✖ k^hɔbi コビ

오후〔午後〕[ohu オフ] 午後 ✖ obu オブ

유자차〔柚子ー〕[judʒatʃ^{h}a ユヂャチャ] ゆず茶 ✖ judʒadʒa ユヂャヂャ

토마토〔tomato〕[t^homat^{h}o トマト] トマト ✖ t^homado トマド

激音は息を強く出して発音できていますか。もう少し練習を続けましょう。

케이크〔cake〕[k^heik^{h}ɯ ケイク] ケーキ

이마트〔emart〕[imat^{h}ɯ イマトゥ] emart（韓国の大手スーパー）

피워요 [p^hiwɔjo ピ゜ウォヨ]（たばこを）吸います

유튜브〔YouTube〕[jut^{h}jubɯ ユテュブ] YouTube

최고〔最高〕[tʃ^{h}wego チュェゴ] 最高

※**ㅚ**＝**ㅞ**なので、[**췌고**]と同じ発音。

회의〔会議〕[hwei フゥェイ] 会議

※**ㅚ**＝**ㅞ**なので**회**は[**훼**]、**의**は語中なので[**이**]と発音。

티저〔teaser〕[t^hidʒɔ ティヂョ] ティザー

※新曲や新作の発売前に予告用として公開する短い映像。

今週のチャレンジ❷

第5～8課

解答➡ p.51

第5課の問題

1 発音しながら書いてみましょう。 ›› ここが要点❶

가	기	구	그	게	개	고	거
다	디	두	드	데	대	도	더
바	비	부	브	베	배	보	버
사	시	수	스	세	새	소	서
자	지	주	즈	제	재	조	저

2 聞こえた方に○をつけましょう。

>>ここが要点❷

やってみよう

❶ a: 소리　b: 버스　　❷ a: 다시　b: 다리
❸ a: 고모　b: 가수　　❹ a: 자리　b: 재미
❺ a: 자료　b: 교사　　❻ a: 바나나　b: 드라마

---

3 発音してみましょう。

>>ここが要点❷

やってみよう

❶ **고모**（父方の）おば　　❷ **소리** 音、声
❸ **재미** 面白み　　❹ **버스**〔bus〕バス
❺ **다리** 橋　　❻ **가수**〔歌手〕歌手
❼ **자리** 席　　❽ **다시** また、再び
❾ **드라마**〔drama〕ドラマ　　❿ **바나나**〔banana〕バナナ
⓫ **자료**〔資料〕資料　　⓬ **교사**〔教師〕教師

第6課の問題

1 聞こえた方に○をつけましょう。

>>ここが要点❶

やってみよう

❶ a: 모자　b: 모두　　❷ a: 부부　b: 주소
❸ a: 야구　b: 배구　　❹ a: 제비　b: 자주
❺ a: 지도　b: 가죠　　❻ a: 라디오　b: 그리고

※p.50に続く。

2 発音してみましょう。

>> ここが要点❶

やってみよう

❶ 부부〔夫婦〕夫婦
❷ 모자〔帽子〕帽子
❸ 모두 全て、全部
❹ 야구〔野球〕野球
❺ 제비 つばめ
❻ 주소〔住所〕住所
❼ 지도〔地図〕地図
❽ 배구〔排球〕バレーボール
❾ 라디오〔radio〕ラジオ
❿ 자주 しょっちゅう
⓫ 그리고 そして
⓬ 가죠？ 行きますよね

第7課の問題

1 聞こえた方に○をつけましょう。

>> ここが要点❶❷

やってみよう

❶ a：위에 b：와요
❷ a：왜요 b：돼지
❸ a：회의 b：의자
❹ a：교과서 b：더워서
❺ a：외워요 b：웨이브
❻ a：더워서 b：뒤에서

2 発音してみましょう。

>> ここが要点❶❷

やってみよう

❶ 와요 来ます
❷ 위에 上に
❸ 왜요？ なぜですか
❹ 의자〔椅子〕椅子
❺ 더워서 暑いので
❻ 웨이브〔wave〕ウェーブ
❼ 외워요 覚えます
❽ 회의〔会議〕会議
❾ 돼지 豚
❿ 교과서〔教科書〕教科書
⓫ 뒤에서 後で
⓬ 귀여워요 かわいいです

第8課の問題

1 聞こえた方に○をつけましょう。

»ここが要点❶❷

やってみよう

❶ a：카페　b：포크　❷ a：우표　b：사회
❸ a：피자　b：취미　❹ a：시켜요　b：티셔츠
❺ a：아파트　b：티셔츠　❻ a：추워요　b：시켜요

2 発音してみましょう。

»ここが要点❶❷

やってみよう

❶ 카페〔cafe〕カフェ　❷ 우표〔郵票〕切手
❸ 피자〔pizza〕ピザ　❹ 포크〔fork〕フォーク
❺ 추워요 寒いです　❻ 시켜요 注文します
❼ 취미〔趣味〕趣味　❽ 사회〔社会〕社会
❾ 티셔츠〔Tshirt〕Tシャツ　❿ 아파트〔apart〕マンション
⓫ 트와이스〔TWICE〕TWICE（アイドル）
⓬ 오에스티〔OST〕オリジナルサウンドトラック（ドラマ挿入歌）

●解答

［第5課］ 2 ❶ a　❷ a　❸ a　❹ b　❺ b　❻ b　3 ❶［komo コモ］　❷［sori ソリ］　❸［tʃemi チェミ］　❹［pɔsɯ ポス］　❺［tari タリ］　❻［kasu カス］　❼［tʃari チャリ］　❽［taʃi タシ］　❾［tɯrama トゥラマ］　❿［panana パナナ］　⓫［tʃarjo チャリョ］　⓬［kjosa キョサ］

［第6課］ 1 ❶ a　❷ a　❸ b　❹ b　❺ a　❻ b　2 ❶［pubu プブ］　❷［modʒa モヂャ］　❸［modu モドゥ］　❹［jagu ヤグ］　❺［tʃebi チェビ］　❻［tʃuso チュソ］　❼［tʃido チド］　❽［pegu ペグ］　❾［radio ラディオ］　❿［tʃadʒu チャヂュ］　⓫［kɯrigo クリゴ］　⓬［kadʒo カジョ］

［第7課］ 1 ❶ b　❷ a　❸ b　❹ b　❺ a　❻ b　2 ❶［wajo オァヨ］　❷［wie ウィエ］　❸［wejo ウェヨ］　❹［ɯidʒa ウイヂャ］　❺［tɔwɔsɔ トウォソ］　❻［weibɯ ウェイブ］　❼［wewɔjo ウェウォヨ］　❽［hwei フウェイ］　❾［twedʒi トゥェヂ］　❿［kjogwasɔ キョゴァソ］　⓫［twiesɔ トゥィエソ］　⓬［kwijɔwɔjo クゥィヨウォヨ］

［第8課］ 1 ❶ a　❷ a　❸ b　❹ a　❺ a　❻ a　2 ❶［kʰapʰe カペ］　❷［upʰjo ウピョ］　❸［pʰidʒa ピヂャ］　❹［pʰokʰɯ ポク］　❺［tʃʰuwɔjo チュウォヨ］　❻［ʃikʰjɔjo シキョヨ］　❼［tʃʰwimi チゥィミ］　❽［sahwe サフゥェ］　❾［tʰiʃɔtʃʰɯ ティショチュ］　❿［apʰatʰɯ アパトゥ］　⓫［tʰɯwaisɯ トゥオァイス］　⓬［oesɯtʰi オエスティ］

＼使える！／

丸覚えフレーズ①～④

アン ニョん ア セ ヨ

① 안녕하세요?

おはようございます。こんにちは。こんばんは。

（←お元気でいらっしゃいますか）

韓国語を初めて学ぶ方も一度は聞いたことのあるフレーズなのではないでしょうか。この表現、もとの意味が「お元気でいらっしゃいますか」であることからもわかるように、**1日中、時間を問わず**使える便利な表現です。仮名では「アンニョンハセヨ」と書かれることが多いですが、実際には「ハ」は「ア」に近い音で発音されます（ㅎの弱化 ››第18課）。また、**안녕하세요?**（アンニょんアセヨ）と挨拶するときには、前に「名前＋**씨**（ッシ）」（～さん）をつけて**상훈 씨, 안녕하세요?**（サんフン ッシ アンニょんアセヨ）（サンフンさん、こんにちは）のように言ったり、挨拶をされて返事をするときには、前に「**네**（ネー）」（はい）をつけて**네. 안녕하세요?**（ネー アンニょんアセヨ）（はい。こんにちは）と言ったりします。

パン ガプ スム ニ ダ

② 반갑습니다.

お会いできてうれしいです。

英語にNice to meet you.という表現があるように、韓国語でも**반갑습니다.**（パンガプスムニダ）という表現がよく使われます。ただ、この表現、英語とは違って初対面の人だけではなく、**久しぶりに会った人に対しても**広く使われる表現です。男性同士の場合、握手をすることも多く、目上の人と握手する場合は、片手を肘あたりに添え、敬意を表す光景もよくみられます。

③ 감사합니다.

カムサハムニダ

ありがとうございます。（←感謝します）

감사（カムサ）は感謝という意味。韓国語の代表的なお礼の表現です。日本では「親しき仲にも礼儀あり」ということばがあるように、一般にお礼の気持ちは、その都度しっかりと伝えることが美徳とされ、場合によっては「この間はどうも…」と後日、改めてお礼を述べることも多いですね。しかし、韓国語話者は親しい間柄であればあるほど、お礼のことばを何度も伝えると「水くさい、他人行儀だ」と感じる人が多いようです。これには「わざわざお礼なんか言わなくても気持ちは通じ合っている」という韓国人の情の深さが表れているのかもしれません。

④ 안녕히 계세요.

アンニョんイゲセヨ

※**계**は[**게**]と発音。

さようなら。（←元気でいて下さい）〈その場に残る人に〉

안녕히 가세요.

アンニョんイガセヨ

さようなら。（←元気で行って下さい）〈その場を去る人に〉

韓国語の「さようなら」は、**場面によって２通りの表現**を使い分けます。例えば、あなたが知人の家に遊びに行って、そろそろ帰る場面だとしましょう。このとき、あなたは知人に向かって**안녕히 계세요**.（アンニョんイゲセヨ）と言います。一方、知人はあなたに向かって**안녕히 가세요**.（アンニョんイガセヨ）と言うでしょう。このように**相手がその場に残るか、その場を去るか**によって異なる挨拶を使うのです。

日本語の「さようなら」は普段使いの表現ではありませんが、韓国語のこの表現は、日常生活の中でよく使われます。食事を終えて飲食店を出るときには、店員さんに**감사합니다**.（カムサハムニダ）**안녕히 가세요**.（アンニョんイガセヨ）（ありがとうございます。さようなら［お気をつけて］）と言われることが多いですし、テレビ番組でも最後に**안녕히 계세요**.（アンニョんイゲセヨ）と言っているのを耳にします。

第9課

<初声>濃音　ㄲ　ㄸ　ㅃ　ㅆ　ㅉ　［子音④］

›› 第８課 の激音に引き続き、韓国語に特有な子音字とその発音を学びます。この課では濃音(のうおん)とよばれるグループの子音（5つ）を練習しましょう。

ここが要点 1　韓国語らしいもう１つの子音。濃音は息を漏らさず発音

この課で学ぶ濃音も日本語話者からみると、ちょっと変わった音です。喉を締めつけるようにして、息を漏らさず出す音なのですが、まずは平音の前に「小さいッ」を入れて発音するとイメージしておくとよいでしょう（発音記号では子音の左肩に「ˀ」を書くことにより表します）。

濃音	ㄲ ［ˀk］	ッ（小さいッ）＋カ行のように
	ㄸ ［ˀt］	ッ（小さいッ）＋タ行のように
	ㅃ ［ˀp］	ッ（小さいッ）＋パ行のように
	ㅆ ［ˀs/ˀʃ］	ッ（小さいッ）＋サ行のように
	ㅉ ［ˀtʃ］	ッ（小さいッ）＋チャ行のように

濃音の子音字は字形としては、平音の子音字を2つ重ねて書きます。これらの発音のしかたですが、例えば**까**（カ行濃音＋ア）であれば「まっか」の「っか」の部分だけを、**뿌**（パ行濃音＋ウ）であれば「たっぷり」の「っぷ」の部分だけを取り出すつもりで発音してみましょう。

マスターのコツ

濃音は、前に「小さいッ」をイメージするほかにも①息を漏らさないこと、②ややかん高く発音すること（特に語頭の場合）を意識すると、きれいに発音できます（例えば、カラスが甲高く「ッカー、ッカー」と鳴くことをイメージしながら**까**[ˀka ッカ]を、あきれつつ興奮ぎみに「ってゆーかさぁ！」と言うことをイメージしながら**때**[ˀte ッテ]を発音してみましょう）。息の出方の具合については、次のイラストを参考にして下さい。

平音　激音　濃音

息が少し出る　息が強く出る　息がほとんど出ない

濃音は語中での発音は比較的しやすいのですが、語頭にきたときの発音（あるいは単独の発音）は、初めは少し難しいと思います。もし、すぐにできなくてもまずは韓国語にはそのような音があるのだ、ということを理解することが大事なので、少しずつ慣れていけばOKです。

それでは、さっそく基本の母音字（8つ）と組み合わせてみましょう。音声をよく聞きながら、何度も発音して下さい。

까	끼	꾸	끄	께	깨	꼬	꺼
[ˀka ッカ]	[ˀki ッキ]	[ˀku ック]	[ˀkɯ ック]	[ˀke ッケ]	[ˀke ッケ]	[ˀko ッコ]	[ˀkɔ ッコ]
따	띠	뚜	뜨	떼	때	또	떠
[ˀta ッタ]	[ˀti ッティ]	[ˀtu ットゥ]	[ˀtɯ ットゥ]	[ˀte ッテ]	[ˀte ッテ]	[ˀto ット]	[ˀtɔ ット]
빠	삐	뿌	쁘	뻬	빼	뽀	뻐
[ˀpa ッパ]	[ˀpi ッピ]	[ˀpu ップ]	[ˀpɯ ップ]	[ˀpe ッペ]	[ˀpe ッペ]	[ˀpo ッポ]	[ˀpɔ ッポ]
싸	씨	쑤	쓰	쎄	쌔	쏘	써
[ˀsa ッサ]	[ˀʃi ッシ]	[ˀsu ッス]	[ˀsɯ ッス]	[ˀse ッセ]	[ˀse ッセ]	[ˀso ッソ]	[ˀsɔ ッソ]
짜	찌	쭈	쯔	쩨	째	쪼	쩌
[ˀtʃa ッチャ]	[ˀtʃi ッチ]	[ˀtʃu ッチュ]	[ˀtʃɯ ッチュ]	[ˀtʃe ッチェ]	[ˀtʃe ッチェ]	[ˀtʃo ッチョ]	[ˀtʃɔ ッチョ]

マスターのコツ

›› 第５課 で平音の子音字についてみたとき、次の発音に注意することを学びました。

디	두	드	시	지
[ti ティ]	[tu トゥ]	[tɯ トゥ]	[ʃi シ]	[tʃi チ]

これは、濃音の場合も同じで

띠	뚜	뜨	씨	찌
[ˀti ッティ]	[ˀtu ットゥ]	[ˀtɯ ットゥ]	[ˀʃi ッシ]	[ˀtʃi ッチ]

という発音になります（上の　　の文字）。

今度は、平音、激音、濃音の発音を比べて練習してみましょう（ㅅ[s/ʃ]は対応する激音を持たないので、平音と濃音だけを示します）。

가－카－까 / 다－타－따 / 바－파－빠
[ka カ] [kʰa カ] [ˀka ッカ] [ta タ] [tʰa タ] [ˀta ッタ] [pa パ] [pʰa パ] [ˀpa ッパ]
사 －싸 / 자－차－짜
[sa サ] [ˀsa ッサ] [tʃa チャ] [tʃʰa チャ] [ˀtʃa ッチャ]

싸워요 [ˀsawɔjo ッサウォヨ] 喧嘩します
짜요 [ˀtʃajo ッチャヨ] 塩辛いです
뽀로로 [ˀpororo ッポロロ] ポロロ（アニメキャラクター）

ここが要点

2 濃音も語中で有声音化しないことに注意

›› 第6課 で平音の子音（ㄱ、ㄷ、ㅂ、ㅈ）は、語中では有声音化して発音される（濁音になる）ことを学びましたが、この課で学んだ濃音の子音（ㄲ、ㄸ、ㅃ、ㅆ、ㅉ）の場合は、（›› 第8課 で学んだ激音の子音と同様に）語中でも濁ることはないので、注意しましょう（つまり、息が強く出る子音や、ほとんど出ない子音は濁って発音されないということですね）。

오빠 [oˀpa オッパ]（女性からみた）お兄さん ✖ oˀba オッバ
어때요? [ɔˀtejo オッテヨ] どうですか ✖ ɔˀdejo オッデヨ
도깨비 [toˀkebi トッケビ] 鬼、トッケビ（韓国ドラマのタイトル）
✖ toˀgebi トッゲビ
빼빼로 [ˀpeˀpero ッペッペロ] ペペロ（ポッキーに似たお菓子）
✖ ˀpeˀbero ッペッベロ
쓰리씨이 [ˀsɯriˀʃii ッスリッシイ] 3ce（韓国のコスメブランド）

第10課

<終声> 鼻音 [n] [m] [ŋ] [子音⑤]

これまでに学んできた文字や発音は、「子音（字）＋母音（字）」という組み合わせによるものでした。この課では、文字としてのハングルの構成について改めてみたあとで、終声とよばれる発音を3つ学びましょう。

ここが要点 1 子音（字）＋母音（字）の後にさらに子音（字）が来ることも

これまでに学んできた文字や発音は、**니**[ni ニ]、**타**[t^{h}a タ]、**뽀**[ˀpo ッポ]のように子音（字）＋母音（字）という組み合わせからなるものばかりでした（[a ア]のような音もありましたが、その場合でさえ文字の上では**아**＝**ㅇ**〈ゼロ子音字〉＋**ㅏ**〈母音字〉）という組み合わせになっていましたね）。しかし、実はハングルにはこれだけでなく、**님**[nim ニㇺ]、**탈**[t^{h}al タㇽ]、**뽑**[ˀpo^{p} ッポㇷ゚]のような**子音（字）＋母音（字）+子音（字）の組み合わせ**もあります。

›› 第1課 でみた「さくら」という文字と比較してみましょう。

사	쿠	라
님	탈	뽑

子音字 ｜ 母音字	子音字 母音字	子音字 ｜ 母音字
子音字 ｜ 母音字 子音字	子音字 ｜ 母音字 子音字	子音字 母音字 子音字

このような子音＋母音＋子音という音の構成のうち、最初の子音を初声、母音を中声、最後にくる子音を終声といいます。前のページであげた例だと、次のような具合です。

님 [nim ニㇺ] ＝ ㄴ（初声：n）＋ ㅣ（中声：i）＋ ㅁ（終声：m）
탈 [t^hal タㇽ] ＝ ㅌ（初声：t^h）＋ ㅏ（中声：a）＋ ㄹ（終声：l）
뽑 [ˀpo^p ッポ゚ㇷ゚] ＝ ㅃ（初声：ˀp）＋ ㅗ（中声：o）＋ ㅂ（終声：^{p}）

実は、終声を表す子音字（＝終声字）には、これまでに学んできた（初声を表す）子音字と同じものが用いられ、その発音の種類はたった７つしかありません。この課ではそのうち３つを、次の »第11課 では残りの４つを練習しましょう。

ここが要点

2 鼻音の終声は、3つの「ン/ん」を区別して発音

ここでは鼻音の終声３つを学びます。実はこれらは日本語では文字上、「ン」や「ん」としか表しようがないのですが、ハングルでは表記上でも発音上でも３種類を区別します。こう言うと、なんだか難しそうですが、心配いりません。実はこの３つは、日本語にも似た音があるんです。どんな音なのか、みてみましょう（終声だけでは発音ができないので、ここでは、前に**나**[na]という音をつけて示します）。

난 [nan ナッ] 「なんにん（何人）」の「なん」のように舌先を上の歯（前歯）の裏側につけて
남 [nam ナㇺ] 「なんまい（何枚）」の「なん」のように上下の唇をつけて
낭 [naŋ ナん] 「なんがい（何階）」の「なん」のように舌の奥を上あごの奥につけて（舌先はどこにもつけず、唇も閉じない）

ㄴ [n ン]

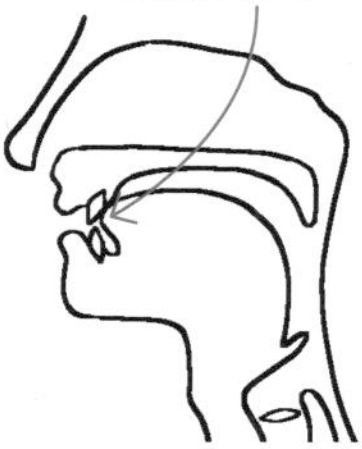

ㅁ [m ム]

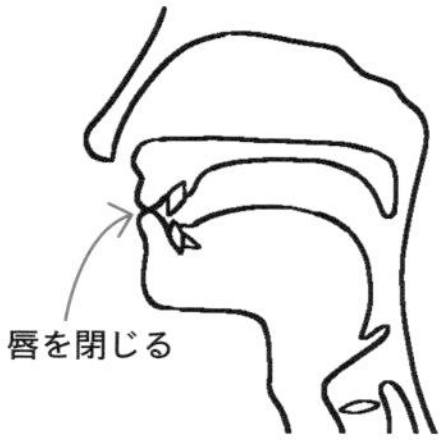

ㅇ [ŋ ん]

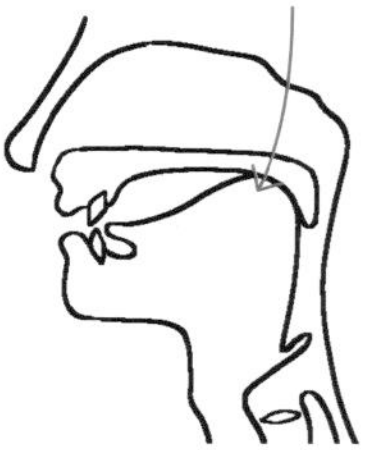

例えば、**난**[nan ナン]であれば、「**なんにん**」**と言おうとして、「にん」の直前で発音をやめたような音**です。ただし、「なー・んー」のようにゆっくりと発音してはいけません。「nan」のように「**な**」**と**「**ん**」**を一息に、つまり１拍で**発音するように心がけましょう（そうです。ハングルでは１文字＝１拍で発音するのでした）。これを意識的に発音するのは、初めは難しいかもしれません。まずは日本語の「**なん**にん、**なん**まい、**なん**がい」で口慣らしをしたあとで、「なん」の部分を速く、そして「にん、まい、がい」の部分は心の中で言うつもりで練習してみましょう。

マスターのコツ

１拍というのは、手をパチンと叩くのと同じ時間の長さだと考えるとわかりやすいと思います。**난**[nan ナン]であれば１文字＝１拍＝１回パチンと叩くタイミング、**사/람**[sa/ram サ/ラム]であれば２文字＝２拍＝２回パチンと叩くタイミングというわけです。

ところで**ㅇ**は初声を表す場合には、**ゼロ子音字**として子音がないことを表しますが、終声字の場合には、[ŋ]の音になります。この**ŋというのはngのこと**です。また、本書ではハングルの発音をカタカナやひらがなで示している箇所があります。その表記の中では、終声[n]は[ン]、[m]は[ム]、[ŋ]は[ん]で表記しています。

それでは、この課で学んだ鼻音の終声が含まれる単語などを発音してみましょう。

사람 [saram ｻﾗﾑ] 人

냉방 〔冷房〕[neŋbaŋ ﾈﾝﾊﾞﾝ] 冷房

연대 〔延大〕[jɔnde ﾖｯﾃﾞ] 延世大学（略語）

더빙 〔dubbing〕[tɔbiŋ ﾄﾋﾞﾝ] 音声吹替

핸드폰 〔hand-phone〕[hendɯpʰon ﾍｯﾄﾞｩﾎﾟｯ] 携帯電話

화이팅！ 〔fighting〕[hwaitʰiŋ ﾎｫｧｲﾃｨﾝ] ファイト！、頑張れ！

선크림 〔sun cream〕[sɔnkʰɯrim ｿｯｸﾘﾑ] 日焼け止めクリーム

두근두근 [tugɯndugɯn ﾄｩｸﾞｯﾄﾞｩｸﾞｯ] ドキドキ（擬音語）

인스타그램 〔Instagram〕[insɯtʰagɯrem ｲｯｽﾀｸﾞﾚﾑ] インスタグラム

終声を発音するときに重要なのは、舌や唇の動きです。発音し終わったときに舌や唇がどの位置で止まっているかをよく確認しましょう。正しい動きをしていれば正しい音は必ず出せます。諦めずに頑張って下さい！

第11課

<終声> 口音／流音　[t] [p] [k]／[l]

［子音⑥］

>> 第10課 に引き続き、終声の発音（4つ）を学んでいきましょう。右のQRコードを読みとって、何度も音声を聞きながら練習しましょう。

ここが要点 1　口音の終声は、3つの「ッ」（小さいッ）を区別して発音

口音の終声3つを紹介しましょう。これらは日本語では文字上、「ッ」（小さいッ）としか表しようがないのですが、**ハングルでは表記上でも発音上でも3種類を区別**します。ただし、この3つは実際には日本語にも似た音があるので、心配いりません。さっそくみてみましょう（終声だけでは発音ができないので、ここでは**이**[i]という音を前につけて示します）。

읻 [i^t イッ]　「いってき（一滴）」の「いっ」のように舌先を上の歯（前歯）の裏側につけて

입 [i^p イㇷ゚]　「いっぱい（一杯）」の「いっ」のように上下の唇をつけて

익 [i^k イㇰ]　「いっかい（一階）」の「いっ」のように舌の奥を上あごの奥につけて（舌先はどこにもつけず、唇も閉じない）

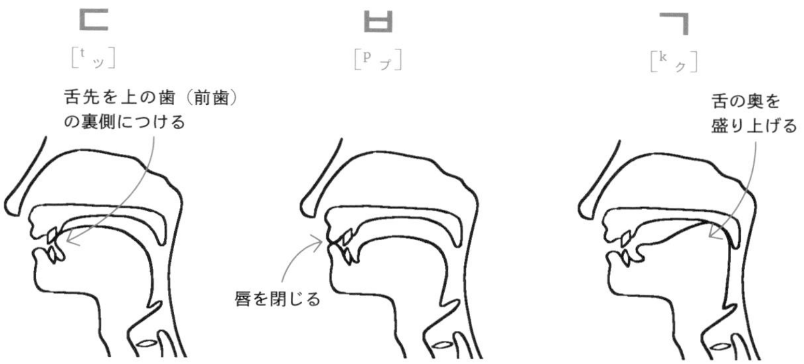

例えば、**익**[i^{k} イㇰ]であれば、「いっかい」と言おうとして、「かい」の直前で発音をやめたような音です。ただし、日本語の「いく＝iku」（行く）のように母音[u ウ]を入れたり、英語のbook（本）の[k]のように息を漏らして発音してはいけません。「i」と「^{k}」を一息に、つまり1拍で発音するように心がけましょう。これを意識的に発音するのは、初めは難しいかもしれません。まずは日本語の「いってき、いっぱい、いっかい」で口慣らしをしたあとで、「いっ」の部分を速く、そして「てき、ぱい、かい」の部分は心の中で言うつもりで練習してみましょう。

ここが要点 2

流音の終声は舌先を上歯茎につけて[l]の音を

終声の最後は流音の終声です。初声の**ㄹ**は[r]の音、つまり日本語のラ行のような音を持つ子音でした。一方で、この子音が終声として現れた場合には、[l]（エル）の音を持つことになります。

알 [al アㇽ]　舌先を上の歯（前歯）の裏側よりやや奥の方につけて「アㇽ」

ㄹ

[l ﾙ]

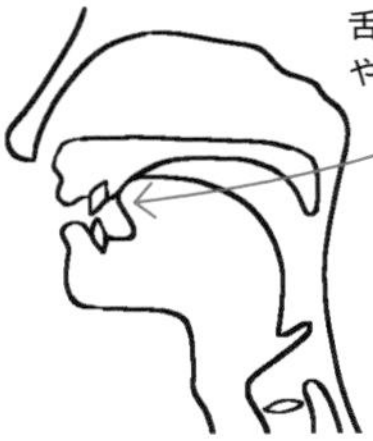

これは**日本語話者には出しづらい音**なので、まずは音声を聞いて、その音色を感じてみて下さい。そのあとで、次の ›› マスターのコツ をよく読みながら、ゆっくりと練習してみましょう。

マスターのコツ

終声[l ﾙ]の発音のポイントを説明しましょう。前のページではこれを発音するとき、「舌先を上の歯(前歯)の裏側よりやや奥の方につける」と説明しましたが、その位置はだいたいどの辺りなのでしょうか。上の歯(前歯)の裏側から、上あごを後の方に少しずつ舌で辿っていってみて下さい。すると、**骨が少し突き出た部分**がありますよね。**この辺りに舌の先が当たる**ことをイメージすればOKです(熱い物を食べたときにヤケドするところ、といったらわかりやすいでしょうか。あるいは、「アッラー」の「ッラ」を発音するときの舌の位置といってもいいでしょう)。**알**[al ｱﾙ]の場合、**아**[a ｱ]を発音したあと、おもむろに舌先をその位置に押し当てます。この音も1文字＝1拍＝1回パチンと手を叩くタイミングで発音するように意識しましょう。この舌の移動が遅いと「アー・ルー」のように、間延びした音になってしまいます。できるだけスムーズに続けるように練習してみて下さい。

ところで、本書では、ハングルの発音をカタカナやひらがなで示している箇所があります。この表記の中では、終声[t]は[ｯ]、[p]は[ﾌﾟ]、[k]は[ｸ]、[l]は[ﾙ]で表記しています。

次の単語などを発音してみましょう。

집 [tʃi^{p} チㇷ゚] 家

약〔薬〕[ja^{k} ヤㇰ] 薬

술 [sul スㇽ] 酒

닫고 [ta^{tʔ}ko タッコ] 閉めて ※

포샵〔pho(to)shop〕[p^{h}oʃa^{p} ポ゜シャㇷ゚] photoshop（略語）

컴백〔comeback〕[k^{h}ɔmbe^{k} コㇺベ゛ㇰ] カムバック（新しいアルバムの発売）

커플룩〔couple look〕[k^{h}ɔp^{h}ɯllu^{k} コプ゜ㇽルㇰ] ペアルック

팬클럽〔fan club〕[p^{h}enk^{h}ɯllɔ^{p} ペ゜ンクㇽロㇷ゚] ファンクラブ

텀블러〔tumbler〕[t^{h}ɔmbɯllɔ トㇺブ゛ㇽロ] タンブラー

타이틀 곡〔title 曲〕[t^{h}ait^{h}ɯlgo^{k} タイトゥㇽゴ゛ㇰ]
タイトル曲（アルバムのメイン曲）

※終声ㄷ[^{t}]のあとにㄱ[k]のような平音（初声）が続くと、有声音化せずに（濁らずに）濃音で発音されます。このような変化を濃音化というのですが、詳しくは›› 第14課で学びます。

第12課

<終声> 終声規則

［子音⑦］

» 第10課 で学んだように終声の発音は7種類しかありません。その発音自体はもう全て学習したのですが、この課では、終声における文字と発音の関係についてもう少し掘り下げてみることにしましょう。

ここが要点 1 見慣れない終声字も必ず7つのどれかで発音

» 第10課 と » 第11課 で終声について学びました。**終声の発音は、次の7種類**しかないのでした。

안	암	앙	앋	압	악	알
[an アッ]	[am アム]	[aŋ アん]	[a^t アッ]	[a^p アプ]	[a^k アク]	[al アル]

でも、実際の韓国語をよく観察してみると、次のような文字が使われていることがわかります。終声字（［子音字］＋［母音字］の後に現れる子音字）に注目してみてみましょう。

낫 잊 깊 깎

これらの文字をみると、発音は7種類のはずなのに、終声字に**ㅅ**、**ㅈ**、**ㅍ**、**ㄲ**などが使われていることがわかりますね。これは一体どういうことなのでしょうか。実は、ハングルでは表記上、終声字の位置には**ㄴ**、**ㅁ**、**ㅇ**、**ㄷ**、

ㅂ、**ㄱ**、**ㄹ**以外にも様々な子音字が現れます。ただし、その発音は表記ごとに違うのではなく、これまでに学んだ7つ、つまり[n ン][m ム][ŋ ん][^{t} ッ][^{p} プ][^{k} ク][l ル]**のいずれか**になるという決まりがあるのです。このように**表記(終声字)と実際の発音(終声)の間には一定の対応関係**があるのですが、この関係を定めた規則を**終声規則**といい、次のようにまとめられます。

	終声		終声字			
終声規則	鼻音	[n ン]	ㄴ			ㄵ, ㄶ
		[m ム]	ㅁ			ㄻ
		[ŋ ん]	ㅇ			
	口音	[^{t} ッ]	ㄷ, (ㅅ), (ㅈ)	ㅊ, ㅌ, ㅎ	ㅆ	
		[^{p} プ]	ㅂ	(ㅍ)		ㄿ, ㅄ
		[^{k} ク]	ㄱ	ㅋ	(ㄲ)	ㄳ, ㄺ
	流音	[l ル]	ㄹ			ㄼ, ㄾ, ㅀ

※○で囲んだ終声字は、下で例として示すものです。

この表の見方のポイントは、**横にみる**ということです。つまり横に並んでいる子音字(終声字)は全て同じ終声としての発音を持つわけですから、例えば一番上の行であれば、**안**、**앉**、**않**は**表記は違っても、その発音は全て[an アン]**となるのです(ただし、発音は同じでもどの終声字で書くかは単語ごとに決まっているので、表記は覚える必要があります)。

前のページであげた文字も終声規則がわかれば、次のように読むことができますね。

낫	잊	깊	깎
[na^t ナッ]	[i^t イッ]	[ki^p キプ]	[ʔka^k ッカク]

それでは、p.67の終声規則の表をみながら、次の単語などを発音してみましょう。

무엇 [무얻 muɔ^{t} ﾑｵｯ] 何 〈ㅅ[^{t}]〉

엠넷 〔Mnet〕 [엠넫 emne^{t} ｴﾑﾈｯ] Mnet 〈ㅅ[^{t}]〉
※韓国の音楽専門テレビチャンネル。

찾- [찯 tʃ^{h}a^{t} ﾁｬｯ] 〈探す〉 という語の一部 〈ㅈ[^{t}]〉

빛 [빋 pi^{t} ﾋﾟｯ] 光 〈ㅊ[^{t}]〉

끝 [끋 ^{ʔ}kɯ^{t} ｯｸｯ] 終わり 〈ㅌ[^{t}]〉

옆 [엽 jɔ^{p} ﾖﾌﾟ] 横、となり 〈ㅍ[^{p}]〉

부엌 [부억 puɔ^{k} ﾌﾟｵｸ] 台所 〈ㅋ[^{k}]〉

밖 [박 pa^{k} ﾊﾟｸ] 外 〈ㄲ[^{k}]〉

マスターのコツ

p.67の終声規則の表をよくみてみましょう。終声字**ㄷ・ㅌ**（t系列）は[^{t}]、**ㅂ・ㅍ**（p系列）は[^{p}]、**ㄱ・ㅋ・ㄲ**（k系列）は[^{k}]というように、ベースになる子音が同じものは、終声の発音においても同じグループに合流していることがわかりますね。ただし、**ㅅ・ㅈ・ㅎの系列が**[^{t}]に合流する点は要注意です。また、表の右の方には、このほかに異なる2つの子音字からなる終声字がみえますが、これについては »ここが要点❷ で説明します。

ここが要点

2 異なる2つの子音字からなる終声字は、だいたい左側を読む

終声規則の中で最後まで覚えにくいのは、異なる2つの子音字からなる終声字です。例えば、こんな文字です。

없- [업 ɔᵖ オプ] 〈ない、いない〉という語の一部
앉- [안 an アン] 〈座る〉という語の一部

こういう複雑な文字をみると一瞬、とても難しそうにみえるのですが、心配はいりません。このような2つの子音字からなる複雑な終声字をみかけたら、基本的に左側の子音字を読むと覚えておけばOKです。つまり、上の例だったら、ㅄ、ㄵのうち、それぞれ左側の子音字であるㅂ[ᵖ プ]、ㄴ[n ン]を読んで、[업 ɔᵖ オプ]、[안 an アン]と発音すればよいのです。ただし、下に示すように終声字がㄻ、ㄺである場合は要注意です。この場合は例外的に右側の子音字を読んで、[담 tam タム]、[닥 taᵏ タク]と発音します。

닮- [담 tam タム] 〈似る〉という語の一部

닭 [닥 taᵏ タク] 鶏

マスターのコツ

ㄻ、ㄺは数字の20、27に似ているので、20、27は右と覚えるとよいでしょう。ところで、右側の子音字を読む終声字にはほかにもㄿがありますが、これはほとんど出てこないので、まずはㄻとㄺを覚えておきましょう。

今週のチャレンジ❸

第9～12課

第9課の問題

1 聞こえた方に○をつけましょう。 >>ここが要点❶❷

やってみよう

❶ a：뼈 b：또
❷ a：싸요 b：아까
❸ a：짜다 b：아까
❹ a：까치 b：가짜
❺ a：나쁘죠？ b：쓰레기
❻ a：이따가 b：빠르다

2 発音してみましょう。 >>ここが要点❶❷

やってみよう

❶ 가짜〔假－〕偽物
❷ 아까 さっき
❸ 이따가 あとで
❹ 나쁘죠？ 悪いですよね
❺ 이쑤시개 つまようじ
❻ 또 また
❼ 뼈 骨
❽ 싸요 安いです
❾ 짜다 塩辛い
❿ 까치 かささぎ（韓国の国鳥）
⓫ 쓰레기 ごみ
⓬ 빠르다 速い

第**10**課の問題

1 聞こえた方に〇をつけましょう。　≫［ここが要点❷］

やってみよう

❶ a: 창문　　b: 신문　　❷ a: 조금　　b: 담배
❸ a: 시간　　b: 시장　　❹ a: 조금　　b: 시간
❺ a: 남동생　b: 선생님　❻ a: 팬미팅　b: 콘서트

2 発音してみましょう。　≫［ここが要点❷］

やってみよう

❶ **시장**〔市場〕市場　　❷ **조금** 少し
❸ **시간**〔時間〕時間　　❹ **담배** たばこ
❺ **신문**〔新聞〕新聞　　❻ **창문**〔窓門〕窓
❼ **팬미팅**〔fan meeting〕ファンミーティング
❽ **콘서트**〔concert〕コンサート
❾ **남동생**〔男同生〕弟
❿ **세븐틴**〔SEVENTEEN〕SEVENTEEN（アイドル）
⓫ **선생님**〔先生－〕先生
⓬ **홈페이지**〔homepage〕ホームページ

●解答
［第9課］ **1** ❶ b　❷ a　❸ a　❹ b　❺ b　❻ a　**2** ❶［kaʔtʃa カッチャ］　❷［aʔka アッカ］
❸［iʔtaga イッタガ］　❹［naʔpɯdʒo ナップチョ］　❺［iʔsuʃige イッスシゲ］　❻［ʔto ット］
❼［ʔpjɔ ッピョ］　❽［ʔsajo ッサヨ］　❾［ʔtʃada ッチャダ］　❿［ʔkatʃʰi ッカチ］　⓫［ʔsɯregi ッスレギ］
⓬［ʔparɯda ッパルダ］

［第10課］ **1** ❶ a　❷ b　❸ b　❹ a　❺ b　❻ a　**2** ❶［ʃidʒaŋ シヂャン］
❷［tʃogɯm チョグム］　❸［ʃigan シガン］　❹［tambe タムベ］　❺［ʃinmun シンムン］
❻［tʃʰaŋmun チャンムン］　❼［pʰenmitʰiŋ ペンミティン］　❽［kʰonsɔtʰɯ コンソトゥ］
❾［namdoŋseŋ ナムドンセン］　❿［sebɯntʰin セブンティン］　⓫［sɔnseŋnim ソンセンニㇺ］
⓬［hompʰeidʒi ホㇺペイヂ］

第11課の問題

1 聞こえた方に○をつけましょう。

>> ここが要点❶❷

やってみよう

❶ a：국　b：곧
❷ a：듣　b：얻
❸ a：지갑　b：치약
❹ a：얼굴　b：생각
❺ a：삼 집　b：올팬
❻ a：도착　b：수업

2 発音してみましょう。

>> ここが要点❶❷

やってみよう

❶ 곧 すぐに
❷ 국 スープ
❸ 말 ことば
❹ 듣－〈聞く〉という語の一部
❺ 도착〔到着〕到着
❻ 삼 집〔三集〕3rdアルバム
❼ 얻－〈得る〉という語の一部
❽ 치약〔歯薬〕歯磨き粉
❾ 얼굴 顔
❿ 수업〔授業〕授業
⓫ 화장실〔化粧室〕トイレ
⓬ 지갑〔紙匣〕財布
⓭ 생각 考え
⓮ 올팬〔all fan〕オールファン ※

※アイドルグループの特定のメンバーではなく、みんなが好きなこと。

第12課の問題

発音してみましょう。

>>ここが要点❶

やってみよう

❶ **이것저것** あれこれ
❷ **밑** 下
❸ **부엌** 台所
❹ **앞** 前
❺ **티켓**〔ticket〕チケット
❻ **낮** 昼
❼ **밖** 外
❽ **장미꽃**〔薔薇－〕バラ
❾ **놓**－〈置く〉という語の一部
❿ **인터넷**〔internet〕インターネット

終声規則	終声		終声字			
	鼻音	[n ッ]	ㄴ			ㄵ, ㄶ
		[m ム]	ㅁ			ㄻ
		[ŋ ん]	ㅇ			
	口音	[^{t} ッ]	ㄷ, ㅅ, ㅈ	ㅊ, ㅌ, ㅎ	ㅆ	
		[^{p} プ]	ㅂ	ㅍ		ㄿ, ㅄ
		[^{k} ク]	ㄱ	ㅋ	ㄲ	ㄳ, ㄺ
	流音	[l ル]	ㄹ			ㄼ, ㄾ, ㅀ

●解答

［第11課］ **1** ❶b ❷b ❸b ❹a ❺a ❻a **2** ❶[ko^{t} コッ] ❷[ku^{k} クク] ❸[mal マル] ❹[tɯ^{t} トゥッ] ❺[totʃ^{h}a^{k} トチャク] ❻[samdʒi^{p} サムヂ プ] ❼[ɔ^{t} オッ] ❽[tʃ^{h}ija^{k} チヤク] ❾[ɔlgul オルグ ル] ❿[suɔ^{p} スオプ] ⓫[hwadʒaŋʃil ホァヂ ャんシル] ⓬[tʃiga^{p} チガ プ] ⓭[seŋga^{k} セんガ ク] ⓮[olp^{h}en オルペ ン]

［第12課］ ❶[이걷쩌걷 igɔ^{tʔ}tʃɔgɔ^{t} イゴ ッッチョゴ ッ] ❷[믿 mi^{t} ミッ] ❸[부억 puɔ^{k} プ オク] ❹[압 a^{p} アプ] ❺[티켇 t^{h}ik^{h}e^{t} ティケッ] ❻[낟 na^{t} ナッ] ❼[박 pa^{k} パ ク] ❽[장미꼳 tʃaŋmi^{ʔ}ko^{t} チャんミッコッ] ❾[녿 no^{t} ノッ] ❿[인터넫 int^{h}ɔne^{t} イントネッ]

第13課

終声の初声化

［音変化など②］

この課からは数回にわたって、知っておくと役に立つハングルの音変化（表記と発音が異なる場合）を集中的に学んでいきましょう。まず、第13課では終声の初声化を取り上げます。

ここが要点 1 ［終声字］+［ゼロ子音字ㅇ］をつなげてスムーズに

これまでは、ハングルの1つ1つの読み方、発音をポイントとして取り上げて学んできました。ここからはそれらをつなげて単語や文を読む練習が多くなっていきますが、そのときにいくつかの音変化のルールを押さえておくと、発音がずっとしやすくなります。この課では、その中でも**終声の初声化**とよばれる変化を取り上げましょう。まずは次の表現を発音してみましょう。

オ レ ガン マ ニ エ ヨ
오래간만이에요.
久しぶりです。

チョんマル マ シッ ソ ヨ
정말 맛있어요.
本当においしいです（よ）。

この中で ▭ の部分の発音に注目して下さい。**만이**と**맛있어**の部分です。これらは、1文字ずつ素直に読んでいくと、［**만**/**이** マッ/イ］、［**맏**/**읻**/**어** マッ/イッ/オ］（終声字**ㅅ**と**ㅆ**は、›› 第12課 で学んだ終声規則により［^{t}ッ］の音を持つのでした）となりそうですが、ここではそうなっていないことに気がついたでしょうか。これは一体どういうことかというと、実はハングルには**終声字の後にゼロ子音字ㅇ（初声字）が続くとき、前の終声字がㅇの位置に移って**発音されるというルールがあるのです。これを**終声の初声化**といいます。イメージで示すと、次のようになります。

終声の初声化

●表記

子音字 + 母音字 + **子音字** ＋ ㅇ + 母音字 （+ 子音字）

子音字＝終声字　ㅇ＝初声字（ゼロ子音字）

●発音

子音 + 母音 + （空欄） ＋ **子音** + 母音 （+ 子音）

子音が初声の位置に移って発音される

ここで改めて、前のページでみた２つの発音をみてみましょう。

오래간만이에요.（オレガンマニエヨ）
［마니］

정말 맛있어요.（チョんマル マシッソヨ）
［마시써］

左の例では**ㄴ＋이➡니**という変化が、右の例では**ㅅ＋이➡시**と**ㅆ＋어➡써**という２つの変化が連続して起こっていることがわかりますね。このような発音の変化は、初めは「面倒くさい」「難しそう」と感じるかもしれません。でも、ハングルの音変化は、どれも発音しやすくするために存在するものなのです。「マン／イ」と「マニ」。「マニ」の方が発音しやすいと思いませんか。初めはゆっくり発音してもよいので、少しずつ慣れていって下さい。もう少し例をあげてみましょう。

롬앤［**로맨** romen ロメン］rom&nd（韓国のコスメブランド）
단어〔単語〕［**다너** tanɔ タノ］単語
음악〔音楽〕［**으막** ɯmaᵏ ウマㇰ］音楽
졸업〔卒業〕［**조럽** tʃorɔᵖ チョロㇷ゚］卒業
삼월은〔三月－〕［**사뭐른** sa-mwɔ-rɯn サ-ムォ-ルン］三月は
월요일에〔月曜日－〕［**워료이레** wɔ-rjo-i-re ウォ-リョ-イ-レ］月曜日に

※初声化は、教科書によっては「連音化」ということばで説明されることもあります。

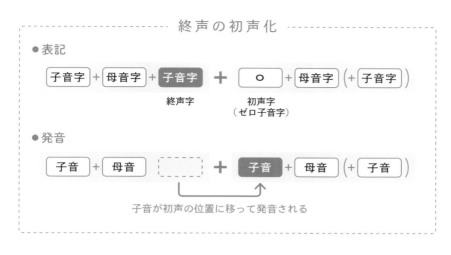

マスターのコツ

終声の初声化は日本語で「エヌエイチケー(NHK)」を「エネイチケー」、「パインアップル」を「パイナップル」と言うことと似た現象だと考えるとわかりやすいでしょう。ただし、「みんえい(民営)」が「みねい ×」になったり、「はんい(範囲)」が「はに ×」になったりすることがないように、日本語ではこのような変化はごく限られた単語の中でだけ起こります。

ここが要点 2 平音+ㅇ、ㅇ[ŋ]+ㅇには注意

終声の初声化に関して、注意しておきたいことを2つほどあげておきます。まずは次の例をみてみましょう。

한국인〔韓国人〕[**한구긴** hangugin ハングギン] 韓国人
집이 [**지비** tʃibi チビ] 家が

上の2つの例では、終声字の後にゼロ子音字**ㅇ**が続いているため、それぞれ**ㄱ**、**ㅂ**が後に続く**ㅇ**の位置に移って発音されますが、その際に[han-gu-kin ハングキン×]、[tʃi-pi チピ×]ではなく、[han-gu-gin ハングギン]、[tʃi-bi チビ]となっている点に注意しましょう。このように**ㄱ, ㄷ, ㅂ, ㅈ は初声化すると、必ず語中に現れることになるため、自動的に有声音化する(濁音になる)**のです(有声音化について復習する方は、»第6課を参照して下さい)。

続いて、次の例をみてみましょう。

강아지 [**강아지** kaŋadʒi カンアヂ] 子犬 ※**아**は鼻にかかった「ガ」。
병원〔病院〕[**병원** pjɔŋwɔn ピョンウォン] 病院 ※**워**は鼻にかかった「グォ」。

例をみてわかるように、終声字ㅇ[ŋ]の後にゼロ子音字ㅇが続いたときには、ㅇ[ŋ]＋母音の発音になりますが、このとき後に続く母音は鼻にかかったガギグゲゴのような音(鼻濁音)になります。音声をよく聞いてみて下さい。

マスターのコツ

終声字ㅋ、ㅌ、ㅍ、ㅊが初声化すると激音が、終声字ㄲ、ㄸ、ㅃ、ㅆ、ㅉが初声化すると濃音が現れます。

앞이 [아피 ap^hi アピ゜] 前が
있어요 [이써요 $i^ʔsɔjo$ イッソヨ] あります、います

また、異なる2つの子音字からなる終声字の後にゼロ子音字が続く場合は、左側の子音字はそのまま残って終声として発音され、右側の子音字がゼロ子音字の位置に移ります。ただし、この発音は慣れるまではちょっと難しいので、出てくるたびに練習して、慣れていけばOKです。

닮아서 [달마서 talmasɔ タルマソ] 似ているので
읽어서 [일거서 ilgɔsɔ イルゴ゜ソ] 読んで

次の単語などを発音してみましょう。

닫아요 [다다요 tadajo タダ゜ヨ] 閉めます
앱으로 〔app－〕[애브로 eburo エブ゜ロ] アプリで
카톡을 〔Ka(kao) Talk－〕[카토글 k^hat^hogul カトグ゜ル] カカオトークを
종이컵 〔－cup〕[종이컵 $tʃoŋik^hɔ^p$ チョんイコプ] 紙コップ
명동에서 〔明洞－〕[명동에서 mjɔŋdoŋesɔ ミョんド゜んエソ] 明洞で
꽃이 [꼬치 $^ʔkotʃ^hi$ ッコチ] 花が
앉아요 [안자요 andʒajo アンヂ゜ャヨ] 座ります

第14課

濃音化

［音変化など③］

引き続きハングルの音変化について学びます。この課では、濃音化を紹介しましょう。

ここが要点 1 3つの「ッ」の後の平音は濃音で

››第6課 で有声音化という発音のルールを学びました。ちょっと復習してみましょう。

감기〔感気〕［kamgi ｶﾑｷﾞ］風邪
바다［pada ﾊﾟﾀﾞ］海
일본〔日本〕［ilbon ｲﾙﾎﾞｯ］日本
아저씨［adʒɔʔʃi ｱﾁﾞｮｯｼ］おじさん

このように平音ㄱ、ㄷ、ㅂ、ㅈは、語中に現れると濁って発音されるのでした。では、次の例も発音してみて下さい。

믿고 信じて
먹방〔－放〕食べる放送　※おいしそうに食べる姿を映す番組。
춥지요? 寒いですよね

どうですか。それぞれ、ㄱやㅂ、ㅈが語中に現れているので、[ミッゴ]、[モッバん]、[チュッヂヨ]のように░の部分が濁って発音されそうですが、ちょっと言いにくいと思いませんでしたか。**믿고**であれば、終声[^{t}]の後に[g]を発音するのですが、この[g]が言いにくいですね。**먹방**や**춥지요**?の場合も口音の終声[^{k}]、[^{p}]の後で(語中で)濁音の発音をするのは、ストレスです。でも安心して下さい。実はそう感じるのは、韓国語話者も同じなんです。ですから、これらは実際には次のように発音されています。

믿고 [믿꼬 mi^{tʔ}ko ミッッコ] ✖ ミッゴ
먹방 [먹빵 mɔ^{kʔ}paŋ モクッパん] ✖ モッバん
춥지요? [춥찌요 tʃ^{h}u^{pʔ}tʃijo チュプッチヨ] ✖ チュッヂヨ

これをみると、ㄱ、ㅂ、ㅈは語中(それぞれ単語の2文字目)に現れているにもかかわらず、ㄲ、ㅃ、ㅉのように濃音で発音されることがわかりますね。実際に発音をしてみてもこの方がはるかにスムーズに言えそうです。実は、このようにハングルには口音の終声[^{t}ッ]、[^{p}プ]、[^{k}ク](小さいッのような音 »第11課)に平音ㄱ、ㄷ、ㅂ、ㅅ、ㅈが続く場合、後に続く平音は対応する濃音で発音されるという規則があります。これを濃音化といいます。イメージで示してみましょう。

濃音化

●表記

[^{t}],[^{p}],[^{k}] を表す終声字	＋	ㄱ，ㄷ，ㅂ，ㅅ，ㅈ 初声字＝平音字

●発音

[^{t}],[^{p}],[^{k}] （終声＝口音）	＋	ㄲ，ㄸ，ㅃ，ㅆ，ㅉ （初声＝濃音）

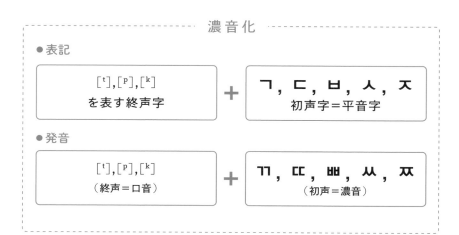

濃音化は、**有声音化の一種の例外**と考えておけばよいでしょう。いくら語中とはいえ、小さい「ッ」に似た音、つまり口音の終声の後では、ガ行(g)、ダ行(d)、バ行(b)、チャ行(dʒ)のような有声音(濁音)を発音するのは難しいため、**濃音に変えて発音をしやすく**するわけですね。

닫지요?［닫**찌**요 ta^{tʔ}tʃijo ﾀｯﾂﾁｮ］閉めますよね
밥도둑［밥**또**둑 pa^{pʔ}todu^{k} ﾊﾟﾌﾟｯﾄﾄﾞｩｸ］ご飯が進むおかず(←ご飯泥棒)
학교〔学校〕［학**꾜** ha^{kʔ}kjo ﾊｸｯｷｮ］学校

マスターのコツ

濃音化は、日本語話者にもわかりやすい音変化だといえます。[^{t}ッ]、[^{p}ﾌﾟ]、[^{k}ｸ]という3つの「ッ」のような終声を発音すると、いったん息が詰まるので、その後に**ㄱ**、**ㄷ**、**ㅂ**、**ㅅ**、**ㅈ**を続けて発音すると、自然に**ㄲ**、**ㄸ**、**ㅃ**、**ㅆ**、**ㅉ**のような息の漏れない音(濁らない音)になってしまうのです(そういえば、日本語でもビッ**グ**サイト(big sight)→ビッ**ク**サイト、ベッ**ド**(bed)→ベッ**ト**のように言うことがありますよね)。つまり、前の終声さえ正確に発音できていれば、濃音化は自然に起こるということですね。

レベルアップコラム

[^{p}]、[^{k}]＋**ㅅ**の場合は、前の終声を発音するとき、**息が(詰まらずに)漏れて、[p]、[k]＋ㅆ**という発音になります。例えば、**접시**(皿)の[p]＋**ㅅ**であれば、「ペプシ」と言うときの[p]＋[ʃ(sh)]、**학생**(学生)の[k]＋**ㅅ**であれば、「らくせん(落選)」と言うときの[k]＋[s]と似た音になります(ただし、[pu]や[ku]のように母音を強く出さないように注意して下さい)。音声をよく聞いて練習してみましょう。

접시［접씨 tʃɔp^{ʔ}ʃi ﾁｮﾌﾟｯｼ］皿
학생〔学生〕［학쌩 hak^{ʔ}seŋ ﾊｸｯｾﾝ］学生

WEEK▼

WEEK4

ここが要点

2 濃音化では、終声規則も忘れずに

濃音化で1つ注意したいのは、平音の前にくる[ᵗ]、[ᵖ]、[ᵏ]というのは、**ㄷ**、**ㅂ**、**ㄱ**だけではなく、**終声規則で[ᵗ]、[ᵖ]、[ᵏ]になるもの**(p.67の終声規則の表で横に並べられた子音字)が全て対象になるということです。ここで口音の終声規則の復習をしてみましょう。

口音	[ᵗ ッ]	ㄷ, ㅅ, (ㅈ)	ㅊ, ㅌ, ㅎ	ㅆ	
	[ᵖ プ]	ㅂ	ㅍ		ㄿ, (ㅄ)
	[ᵏ ク]	ㄱ	ㅋ	(ㄲ)	ㄳ, ㄺ

※○で囲んだ終声字は、下で例として示すものです。

この表をしっかり覚えていれば、例えば[ᵗ]＋平音の場合なら、「**ㄷ**＋平音」だけでなく、「**ㅅ**＋平音」や「**ㅈ**＋平音」などの場合にも同じように濃音化が起こることがわかりますね(ただし、**ㅎ**[ᵗ]の場合は、例外となります。これについては›› 第15課 で学びます)。

では、この表を手がかりに次の例を発音してみましょう。

찾다 [찯다〈終声規則：**ㅈ**[ᵗ]〉
➡ **찯따** tʃʰaᵗˀta チャッタ〈濃音化〉] 探す

없고 [업고〈終声規則：**ㅄ**[ᵖ]〉
※異なる2つの子音字からなる終声字は、基本的に左側を読む。
➡ **업꼬** ɔᵖˀko オプッコ〈濃音化〉] ないし

밖도 [박도〈終声規則：**ㄲ**[ᵏ]〉
➡ **박또** paᵏˀto パクット〈濃音化〉] 外も

第15課

激音化

［音変化など④］

音変化の学習を続けましょう。この課では激音化を取り上げます。つなげて発音したときに「言いやすい」と感じられるようになるまで繰り返し練習しましょう。

ここが要点 1

息の音ㅎは、子音を激音に変える力あり①

››第8課 で息を激しく出しながら発音する激音について学びました。そのときにㅎ[h]が激音の中に入っていたことを覚えていますか。実はこのㅎ[h]。ㄷ、ㅂ、ㄱなどと隣り合うと、これらの子音を対応する激音に変えてしまうという性質を持っており、このような変化を**激音化**とよんでいます。子音と隣り合うときのパターンは、(1)○＋ㅎか、(2)ㅎ＋○の２種類です。まずは１つめのパターンからみてみましょう。

(1) ○+ㅎの場合

口音の終声[t ッ]、[p プ]、[k ク]（小さいッのような音 ››第11課）の後にㅎが続くと、**前の終声は脱落し、ㅎの位置にそれぞれの終声に対応する激音**が現れます。

激音化①（○＋ㅎ）

●表記

[^{t}],[^{p}],[^{k}] を表す終声字	＋	ㅎ 初声字

●発音

終声なし	＋	ㅌ，ㅍ，ㅋ （初声＝激音）

例をみてみましょう。

북한산〔北漢山〕［**부칸산** puk^{h}ansan プカッサッ］北漢山（国立公園）
대답해요〔対答ー〕［**대다패요** tedap^{h}ejo テダペヨ］答えます
졸업해요〔卒業ー〕［**조러패요** tʃorɔp^{h}ejo チョロペヨ］卒業します
시작해요〔始作ー〕［**시자캐요** ʃidʒak^{h}ejo シヂャケヨ］始めます
축하해요〔祝賀ー〕［**추카해요** tʃ^{h}uk^{h}ahejo チュカヘヨ］
祝います、おめでとうございます

ところで、濃音化（›› 第14課）の場合と同様に、激音化においても**ㅎ**の前にくる［^{t}］、［^{p}］、［^{k}］には、それぞれ**ㄷ**、**ㅂ**、**ㄱ**だけではなく、**終声規則で［^{t}］、［^{p}］、［^{k}］になるもの**（p.67の終声規則の表で横に並べられた子音字）が含まれることに気をつけましょう。つまり、例えば［^{t}］＋**ㅎ**であれば、「**ㅅ**＋**ㅎ**」や「**ㅊ**＋**ㅎ**」などの場合にも激音化が起こるわけです。例をみてみましょう。

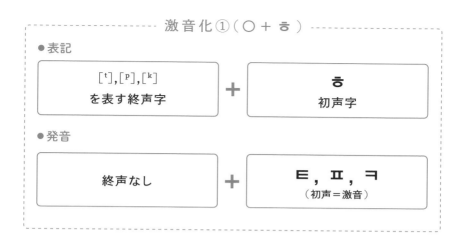

● ㅅ[ᵗ]＋ㅎ→ㅌ[tʰ]

따뜻하다 [따뜯하다〈終声規則：ㅅ[ᵗ]〉
→ **따뜨타다** ˀtaˀtɯtʰada ッタットゥタダ〈激音化〉] 暖かい

못해요 [몯해요〈終声規則：ㅅ[ᵗ]〉
→ **모태요** motʰejo モテヨ〈激音化〉] できません

● ㅊ[ᵗ]＋ㅎ→ㅌ[tʰ]

몇호실〔－号室〕[멷호실〈終声規則：ㅊ[ᵗ]〉
→ **며토실** mjɔtʰoʃil ミョトシル〈激音化〉] 何号室

몇학번〔－学番〕[멷학-〈終声規則：ㅊ[ᵗ]〉
→ **며탁뻔** mjɔtʰakˀpɔn ミョタクッポン〈激音化〉] 何年度入学

上にあげたパターンでは、ㅅやㅊが終声規則で[ᵗ]の音を持つため、ㅎと隣り合ったときに、ㄷの激音であるㅌ[tʰ]が現れることに注意しましょう。このように**音変化の学習では、終声規則の知識が必要**になることがあります。時々、p.67の表を復習しながら、慣れていって下さい。

レベルアップコラム

終声字ㄼ、ㄺなどの後にㅎが続く場合も激音化が起こります。ただし、この場合は、左側の子音字は終声として発音され、右側の子音字とㅎの間で激音化が起こります。

● ㄼ＋ㅎ→ㄹ＋ㅍ

밟히다 [발피다 palpʰida パルピダ] 踏まれる

● ㄺ＋ㅎ→ㄹ＋ㅋ

밝히다 [발키다 palkʰida パルキダ] 明らかにする

ここが要点 2

息の音ㅎは、子音を激音に変える力あり②

続いて激音化のもう1つのパターンをみてみましょう。

(2) ㅎ+○の場合

ㅎの後に平音ㄱ、ㄷ、ㅈが続く場合も、前のㅎが脱落し、平音の位置にそれぞれに対応する激音が現れます。

激音化②（ㅎ + ○）

●表記

ㅎ 終声字	+	ㄱ，ㄷ，ㅈ 初声字＝平音字

●発音

終声なし	+	ㅋ，ㅌ，ㅊ （初声＝激音）

좋대요 ［조태요 tʃotʰejo ﾁｮﾃﾖ］よいそうです
그렇지요? ［그러치요 kɯrɔtʃʰijo ｸﾛﾁﾖ］そうですよね

レベルアップコラム

ㄶ、ㅀの後の平音も激音化します。このとき、左側の子音字は終声として発音されます。

많지? ［만치 mantʃʰi ﾏﾝﾁ］多いでしょう
잃다 ［일타 iltʰa ｲﾙﾀ］失う

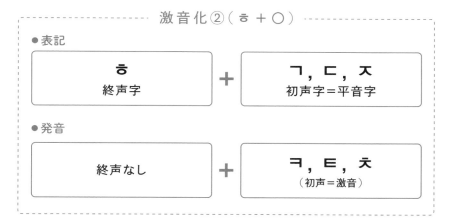

第16課

鼻音化

［音変化など⑤］

この課では、鼻音化という音変化を紹介します。初めは少し複雑にみえるかもしれませんが、終声規則がしっかり理解できていると、意外とシンプルな変化であることがわかるはずです。例を多くあげますので、丁寧に発音練習をしていきましょう。

ここが要点 1 「～ムニダ」の正体は、鼻音化

»丸覚えフレーズ に次のような表現が出てきました。

반갑습니다.（パンガプスムニダ） お会いできてうれしいです。»丸覚えフレーズ②（p.52）

감사합니다.（カムサハムニダ） ありがとうございます。»丸覚えフレーズ③（p.53）

この中で ［　］ の発音に注目して下さい。それぞれ**습**と**합**の部分です。これらは単独で読むと、[sɯᵖ スプ]、[haᵖ ハプ]という発音になるはずですが、ここではそうならずにそれぞれ[sɯm スム]、[ham ハム]という発音になっていますね。ハングルでは文字と発音が違うな、と思ったらそれは音変化のルールが適用されている可能性が高いのですが、やはりここもそうで、**鼻音化**という音変化が起こっています。鼻音化というのは、»第11課 で学んだ**口音の終声**(3つの「ッ」の音。ここではㅂ[ᵖ])**の後にㄴやㅁが来た場合、前の終声が鼻音**(3つの「ッ/ん」の音。ここではㅁ[m])**になって**発音される音変化のルールなのですが（つまり、ㅂ＋ㄴ→ㅁ＋ㄴというわけです）、

これもやはり発音をスムーズにするためのものなので、徐々に慣れていくようにしましょう。»丸覚えフレーズ⑮で紹介する次の表現でも鼻音化が起こっていますね。

알겠습니다.（アルゲッスムニダ） わかりました。

모르겠습니다.（モルゲッスムニダ） わかりません。知りません。

ところで、鼻音化のパターンは、上でみたㅂ＋ㄴの場合だけではありません。パターンを整理してみましょう。

鼻音化

● 表記

[t],[p],[k]（口音）を表す終声字	＋	ㄴ, ㅁ 初声字

● 発音

ㄴ [n], ㅁ [m], ㅇ [ŋ]（終声＝鼻音）	＋	ㄴ, ㅁ

鼻音化はこれまでみてきた音変化とは違って、**後の音の影響を受けて、前の音が変わる**という点に気をつけましょう。例をみてみましょう。

닫네요 [단네요 tannejo タンネヨ] 閉めますねぇ

갑니까? [감니까 kamni$^{?}$ka カムニッカ] 行きますか

십만 〔十万〕 [심만 ʃimman シムマン] 十万

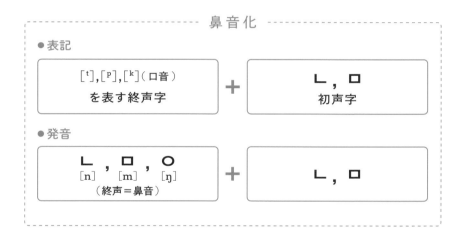

밥만 [**밤**만 pamman パㇺマッ] ご飯だけ

막내 [**망**내 maŋne マんネ] 末っ子、最年少（メンバー）

한국 남자〔韓国 男子〕[**한궁남자** haŋguŋnamdʒa ハッグ んナㇺヂャ]
韓国の男性

고막 남친〔鼓膜 男親〕[**고망남친** komaŋnamtʃʰin コマんナㇺチッ]
恋人のように甘い声で歌う歌手

한국말〔韓国ー〕[**한궁말** haŋguŋmal ハッグ んマㇽ]
韓国のことば、韓国語

한옥마을〔韓屋ー〕[**하농마을** hanoŋmaɯl ハノんマウㇽ] 韓屋村

マスターのコツ

鼻音化で大切なのは、口音の終声([ᵗ]、[ᵖ]、[ᵏ])がどの鼻音の終声(ㄴ[n]、ㅁ[m]、ㅇ[ŋ])に変わるかをよく理解しておくことです。実はこのペア、やみくもに決まっているわけではなく、発音の仕方が類似したものがペアになっています。

[ᵗ] ➡ ㄴ[n]：舌先を上の歯(前歯)の裏側につけて出す音のペア
[ᵖ] ➡ ㅁ[m]：上下の唇をつけて出す音のペア
[ᵏ] ➡ ㅇ[ŋ]：舌の奥を上あごの奥につけて出す音のペア

ですから鼻音化は、口音の終声[ᵗ]、[ᵖ]、[ᵏ]がㄴ、ㅁの前で、**(発音の仕方が似ている)仲間の鼻音の終声ㄴ[n]、ㅁ[m]、ㅇ[ŋ]を連れてくる現象**と理解しておけばよいわけです。

ところで、これまでに学んだ濃音化(›› 第14課)や激音化(›› 第15課)の場合と同様に、鼻音化においても**ㄴ**、**ㅁ**の前にくる[t]、[p]、[k]には、それぞれ**ㄷ**、**ㅂ**、**ㄱ**だけではなく、**終声規則で[t]、[p]、[k]になるもの**(p.67の終声規則の表で横に並べられた子音字)が含まれることに気をつけましょう。つまり、例えば[t]+**ㄴ**、**ㅁ**であれば、「**ㄷ**+**ㄴ**、**ㅁ**」だけでなく、「**ㅅ**+**ㄴ**、**ㅁ**」や「**ㅈ**+**ㄴ**、**ㅁ**」などの場合にも同じように鼻音化が起こるわけです。

이것만 [이걷만〈終声規則：**ㅅ**[t]〉
➡ **이건만** igɔnman イゴッマッ〈鼻音化〉] これだけ

찾네요 [찯네요〈終声規則：**ㅈ**[t]〉
➡ **찬네요** tʃʰannejo チャッネヨ〈鼻音化〉] 探しますねぇ

없네요 [업네요〈終声規則：**ㅄ**[p]〉
※異なる2つの子音字からなる終声字は、基本的に左側を読む。
➡ **엄네요** ɔmnejo オムネヨ〈鼻音化〉] ないですねぇ

닦네요 [닥네요〈終声規則：**ㄲ**[k]〉
➡ **당네요** taŋnejo タンネヨ〈鼻音化〉] 拭きますねぇ

これで1か月目の学習が終わりました。›› 今週のチャレンジ❹ に続いて、›› 今月の復習❶ を用意しましたので、チャレンジしてみましょう。

今週のチャレンジ❹

第13～16課

解答➡ p.93

第13課の問題

発音してみましょう。

>> ここが要点❶❷

やってみよう

❶ **어린이** 子ども
❷ **할아버지** おじいさん、祖父
❸ **졸업**〔卒業〕卒業
❹ **사람이** 人が
❺ **생일**〔生日〕誕生日
❻ **맞은편**〔－便〕向かい側
❼ **받으면** もらったら
❽ **씻어요** 洗います
❾ **금요일**〔金曜日〕金曜日
❿ **목요일**〔木曜日〕木曜日
⓫ **십이월**〔十二月〕12月
⓬ **한국어**〔韓国語〕韓国語
⓭ **앉아요** 座ります
⓮ **닮았어요** 似ています

終声の初声化

●表記

子音字 + 母音字 + 子音字 ＋ ㅇ + 母音字 (+ 子音字)

終声字　初声字（ゼロ子音字）

●発音

子音 + 母音 ＋ 子音 + 母音 (+ 子音)

子音が初声の位置に移って発音される

第14課の問題

1 発音してみましょう。

>>ここが要点❶

やってみよう

❶ 걷고 歩いて
❷ 덕질〔宅ー〕ファン活、オタ活
❸ 밥도 ご飯も
❹ 듣다 聞く
❺ 잡지〔雑誌〕雑誌
❻ 탁구〔卓球〕卓球
❼ 닫지만 閉めますが
❽ 책방〔冊房〕本屋
❾ 밥그릇 茶碗
❿ 연습생〔練習生〕練習生

2 発音してみましょう。

>>ここが要点❷

やってみよう

❶ 있고 あって、いて
❷ 부엌과 台所と
❸ 앞뒤 前後
❹ 늦잠 寝坊
❺ 칫솔〔歯ー〕歯ブラシ
❻ 어젯밤 昨晩
❼ 몇 시〔ー時〕何時
❽ 옆방〔ー房〕隣の部屋

濃音化

●表記

[ᵗ],[ᵖ],[ᵏ] を表す終声字	＋	ㄱ，ㄷ，ㅂ，ㅅ，ㅈ 初声字＝平音字

●発音

[ᵗ],[ᵖ],[ᵏ] （終声＝口音）	＋	ㄲ，ㄸ，ㅃ，ㅆ，ㅉ （初声＝濃音）

第15課の問題

1 発音してみましょう。 >> ここが要点❶

やってみよう

❶ **급행**〔急行〕急行
❷ **백화점**〔百貨店〕デパート
❸ **역할**〔役割〕役割
❹ **좁히다** 狭める
❺ **비슷해요** 似ています
❻ **지각하면**〔遅刻－〕遅刻したら
❼ **협회**〔協会〕協会
❽ **입학해요**〔入学－〕入学します

2 発音してみましょう。 >> ここが要点❷

やってみよう

❶ **노랗고** 黄色くて
❷ **하얗다** 白い
❸ **그렇다면** そうだというなら
❹ **그렇지만** しかし
❺ **어떻게** どうやって
❻ **빨갛지만** 赤いですが
❼ **이렇다 할** これといった
❽ **좋죠?** いいですよね

激音化

① ○+ㅎ（問題**1**）

●表記	[t],[p],[k]を表す終声字	+	ㅎ 初声字
●発音	終声なし	+	ㅌ，ㅍ，ㅋ（初声＝激音）

② ㅎ+○（問題**2**）

●表記	ㅎ 終声字	+	ㄱ，ㄷ，ㅈ 初声字＝平音字
●発音	終声なし	+	ㅋ，ㅌ，ㅊ（初声＝激音）

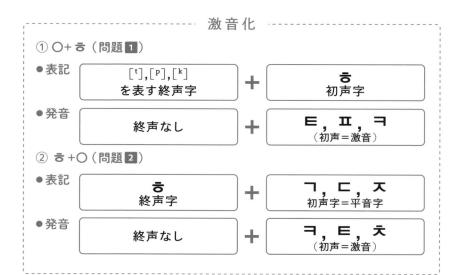

第16課の問題

発音してみましょう。　>>ここが要点❶

やってみよう

❶ 입문〔入門〕入門	❷ 받는 もらう〜
❸ 박물관〔博物館〕博物館	❹ 봅니다 見ます
❺ 작년〔昨年〕去年	❻ 옷만 服だけ
❼ 국민〔国民〕国民	❽ 옛날 昔
❾ 먹네요 食べますねぇ	❿ 아홉 명〔-名〕9人
⓫ 몇 명〔-名〕何人	⓬ 없네요 (い)ないですねぇ

●解答

［第13課］ ❶［어리니 ɔrini オリニ］ ❷［하라버지 harabɔdʒi ハラボ ヂ］ ❸［조럽 tʃorɔ^{p} チョロプ］ ❹［사라미 sarami サラミ］ ❺［생일 seŋil セン イル］ ❻［마즈편 madʒɯnp^{h}jɔn マヂ ュンピ ョン］ ❼［바드면 padɯmjɔn パ ド ゥミョン］ ❽［씨서요 ^{ʔ}ʃisɔjo ッシソヨ］ ❾［그묘일 kɯmjoil クミョイル］ ❿［모교일 mogjoil モギ ョイル］ ⓫［시비월 ʃibiwol シビ ウォル］ ⓬［한구거 hangugɔ ハング ゴ］ ⓭［안자요 andʒajo アンヂ ャヨ］ ⓮［달마써요 tal-ma-^{ʔ}sɔ-jo タル-マ-ッソ-ヨ］

［第14課］ 1 ❶［걷꼬 kɔ^{tʔ}ko コッッコ］ ❷［덕찔 tɔ^{kʔ}tʃil トクッチル］ ❸［밥또 pa^{pʔ}to パ プット］ ❹［듣따 tɯ^{tʔ}ta トゥッッタ］ ❺［잡찌 tʃa^{pʔ}tʃi チャプ ッチ］ ❻［탁꾸 t^{h}a^{kʔ}ku タクック］ ❼［닫찌만 ta^{tʔ}tʃiman タッッチマン］ ❽［책빵 tʃ^{h}e^{kʔ}paŋ チェクッパ ン］ ❾［밥끄른 pa^{pʔ}kɯrɯ^{t} パ プ ックルッ］ ❿［연습쌩 jɔnsɯp^{ʔ}seŋ ヨンスプ ッセン］ 2 ❶［읻꼬 i^{tʔ}ko イッッコ］ ❷［부억꽈 puɔ^{kʔ}kwa プ オクッコァ］ ❸［압뛰 a^{pʔ}twi アプ ットゥィ］ ❹［늗짬 nɯ^{tʔ}tʃam ヌッッチャム］ ❺［칟쏠 tʃ^{h}i^{tʔ}sol チッッソル］ ❻［어젣빰 ɔdʒe^{tʔ}pam オヂ ェッッパ ム］ ❼［멷씨 mjɔ^{tʔ}ʃi ミョッッシ］ ❽［엽빵 jɔ^{pʔ}paŋ ヨプ ッパ ン］

［第15課］ 1 ❶［그팽 kɯp^{h}eŋ クペ ン］ ❷［배콰점 pek^{h}wadʒɔm ペ コァチ ョム］ ❸［여칼 jɔk^{h}al ヨカル］ ❹［조피다 tʃop^{h}ida チョピ ダ］ ❺［비스태요 pisɯt^{h}ejo ピ ステヨ］ ❻［지가카면 tʃigak^{h}amjɔn チガ カミョン］ ❼［혀풰 hjɔp^{h}we ヒョプ ゥェ］ ❽［이파케요 ip^{h}ak^{h}ejo イパ ケヨ］ 2 ❶［노라코 norak^{h}o ノラコ］ ❷［하야타 hajat^{h}a ハヤタ］ ❸［그러타면 kɯrɔt^{h}amjɔn クロタミョン］ ❹［그러치만 kɯrɔtʃ^{h}iman クロチマン］ ❺［어떠케 ɔ^{ʔ}tɔk^{h}e オットケ］ ❻［빨가치만 ^{ʔ}palgatʃ^{h}iman ッパ ルガ チマン］ ❼［이러타할 irɔt^{h}ahal イロタハル］ ❽［조쵸 tʃotʃ^{h}o チョチョ］

［第16課］ ❶［임문 immun イムムン］ ❷［반는 pannɯn パ ンヌン］ ❸［방물관 paŋmulgwan パ ンムルゴ ァン］ ❹［봄니다 pomnida ポ ムニダ］ ❺［장년 tʃaŋnjɔn チャンニョン］ ❻［옫만→온만 onman オンマン］ ❼［궁민 kuŋmin クンミン］ ❽［옏날→옌날 jennal イェンナル］ ❾［멍네요 mɔŋnejo モンネヨ］ ❿［아홈명 ahommjɔŋ アホムミョン］ ⓫［멷명→면명 mjɔnmjɔŋ ミョンミョン］ ⓬［업네요→엄네요 ɔmnejo オムネヨ］

今月の復習❶

WEEK1（第1～4課）

解答例➡ p.284

1 聞こえた方に○をつけましょう。

やってみよう

❶ a：너야　b：나무　❷ a：오래　b：모래
❸ a：메뉴　b：무료　❹ a：아뇨　b：내요
❺ a：어머니　b：아니야　❻ a：며느리　b：모여요

2 発音してみましょう。

やってみよう

❶ 모래 砂
❷ 너야 君だよ
❸ 어머니 お母さん、母
❹ 나무 木
❺ 오래 長い間
❻ 아니야 違うよ
❼ 메뉴〔menu〕メニュー
❽ 아뇨 いいえ
❾ 내요 出します
❿ 무료〔無料〕無料
⓫ 모여요 集まります
⓬ 며느리 嫁
⓭ 우유요?〔牛乳ー〕牛乳ですか
⓮ 이 노래야? この歌なの

3 1 の音声を聞いて、今度はハングルで書き取ってみましょう。

❶　❷　❸

❹　❺　❻

WEEK2（第5～8課）

解答例➡ p.284

1 聞こえた方に○をつけましょう。

やってみよう

❶ a：해외　b：바다　❷ a：사과　b：사이
❸ a：파티　b：차게　❹ a：아버지　b：매워요
❺ a：케이크　b：피아노　❻ a：러시아　b：최애도

2 発音してみましょう。

やってみよう

❶ **바다** 海
❷ **사과**〔沙果〕りんご
❸ **파티**〔party〕パーティー
❹ **해외**〔海外〕海外
❺ **차게** 冷たく
❻ **사이** あいだ
❼ **아버지** お父さん、父
❽ **매워요** 辛いです
❾ **러시아**〔Russia〕ロシア
❿ **피아노**〔piano〕ピアノ
⓫ **케이크**〔cake〕ケーキ
⓬ **최애도**〔最愛－〕推し（お気に入り）も
⓭ **여기저기** あちこち
⓮ **아르바이트**〔Arbeit〕アルバイト

3 1 の音声を聞いて、今度はハングルで書き取ってみましょう。

❶　❷　❸

❹　❺　❻

WEEK3（第9～12課）

解答例➡ p.284

1 聞こえた方に○をつけましょう。

やってみよう

❶ a：춤　b：옷　❷ a：그때　b：사진
❸ a：찌개　b：말씀　❹ a：빨리　b：읽다
❺ a：사장님　b：아저씨　❻ a：운동장　b：사무실

2 発音してみましょう。

やってみよう

❶ 춤 踊り
❷ 운동장〔運動場〕運動場
❸ 그룹〔group〕グループ
❹ 카카오톡〔KakaoTalk〕KakaoTalk
❺ 사무실〔事務室〕事務室
❻ 사진〔写真〕写真
❼ 말씀 おことば
❽ 옷 服
❾ 읽다 読む
❿ 사장님〔社長－〕社長
⓫ 그때 その（あの）とき
⓬ 찌개 チゲ、鍋料理
⓭ 아저씨 おじさん
⓮ 빨리 早く
⓯ 방탄소년단〔防弾少年団〕BTS（アイドル）

3 1 の音声を聞いて、今度はハングルで書き取ってみましょう。

❶　❷　❸

❹　❺　❻

WEEK4（第13～16課）

解答例➡ p.285

1 聞こえた方に○をつけましょう。

やってみよう

❶ a: 극장 b: 잡지　❷ a: 빨갛고 b: 넣지만
❸ a: 떡볶이 b: 작아요　❹ a: 국물 b: 십년
❺ a: 걷네요 b: 나중에　❻ a: 복잡해요 b: 한국 노래

2 発音してみましょう。

※ヒント（それぞれ次の音変化が起こります）

初：終声の初声化 >> 第13課　濃：濃音化 >> 第14課
激①：激音化① >> 第15課　激②：激音化② >> 第15課
鼻：鼻音化 >> 第16課

やってみよう

❶ 음악〔音楽〕音楽 初
❷ 극장〔劇場〕映画館 濃
❸ 십년〔十年〕10年 鼻
❹ 넣지만 入れますが 激②
❺ 숟가락 スプーン 濃
❻ 나중에 あとで 初
❼ 악화〔悪化〕悪化 激①
❽ 국물 スープ 鼻
❾ 역사〔歴史〕歴史 濃
❿ 작아요 小さいです 初
⓫ 떡볶이 トッポギ 濃 初
⓬ 빨갛고 赤くて 激②
⓭ 걷네요 歩きますねぇ 鼻
⓮ 잡지〔雑誌〕雑誌 濃
⓯ 잡히다 捕まる 激①
⓰ 한국 노래〔韓国－〕韓国の歌 鼻
⓱ 복잡해요〔複雑－〕複雑です 濃 激①
⓲ 몇 학년〔－学年〕何年生 激① 鼻
⓳ 없어요 ありません、いません 初（濃）
⓴ 읽었어요 読みました 初

＼使える！／

丸覚えフレーズ⑤～⑨

⑤ 미안합니다.（ミアナムニダ）

すみません。〈謝るとき〉

謝るときの「すみません」は、**미안합니다**（ミアナムニダ）.といいます。より丁寧に「申し訳ありません」と謝るときには**죄송합니다**（チェソんハムニダ）.を使います。一方で、よびかけの「すみません」は**저기요**（チョギヨ）.という表現になるので注意しましょう。この表現の直訳は「あそこです」で、飲食店で店員さんをよぶとき、道で知らない人に話しかけるときなどに使えます。同じくよびかけの場面で使われる表現**여기요**（ヨギヨ）.（直訳：ここです）と一緒に覚えておきましょう。

---

⑥ 주세요.（チュセヨ）

ください。

何かが欲しいときに使える便利なひとことです。例えば、前に**이거**（イゴ）（これ）、**더**（ト）（もっと）、**하나**（ハナ）（一つ）などをつけていってみましょう。

이거 주세요（イゴ ヂュセヨ）. これください。
더 주세요（ト ヂュセヨ）. もっとください。
하나 주세요（ハナ ヂュセヨ）. 一つください。
이거 하나 주세요（イゴ ハナ ヂュセヨ）. これ一つください。
저기요. 김치찌개 하나 더 주세요（チョギヨ キムチッチゲ ハナ ド ヂュセヨ）.
すみません、キムチチゲもう一つください。

※日本語の「もう一つ」は、韓国語では**하나 더**（ハナ ド）（直訳：一つもっと）。

7 네.예. / 아뇨.

はい。/ いいえ。

韓国語の「はい」には、네.と예.の2種類があります。どちらも丁寧な表現なのですが、예.の方がより丁寧で、硬い場面で使われます。

8 다나카라고 합니다.

田中と申します(いいます)。

다나카は日本人の姓「田中」。姓/名+-라고 합니다で「〜と申します(いいます)」という意味です。

스즈키라고 합니다. 鈴木と申します(いいます)。
요타로라고 합니다. 陽太郎と申します(いいます)。

「ン」(ハングルでは終声字ㄴ)など子音で終わる名前の場合は、「姓/名+이라고 합니다」という形をとります。

렌이라고 합니다. 蓮と申します(いいます)。
가린이라고 합니다. かりんと申します(いいます)。

9 생일 축하합니다.

(お)誕生日おめでとうございます。

생일は漢字で書くと〔生日〕、「誕生日」という意味です。また、축하합니다.〔祝賀-〕は「おめでとうございます」という意味の決まり文句です。

입학 축하합니다. 入学、おめでとうございます。
졸업 축하합니다. 卒業、おめでとうございます。

第17課

口蓋音化、流音化

［音変化など⑥］

音変化の学習もあと少しです。この課では、口蓋音化（こうがいおんか）、流音化を紹介します。この変化が現れる単語はこれまでにみてきた変化に比べると、圧倒的に数が少ないので、単語レベルで覚えてしまっても構いません。

ここが要点 1 初声化の例外、口蓋音化は〈2つのt＋이〉のとき

›› 第13課 で終声字の後にゼロ子音字ㅇが続くとき、前の終声字がㅇの位置に移って発音されるというルール（終声の初声化）を学びました。ここではその例外について学びましょう。ㄷ、ㅌの後に이が続く場合、通常の初声化の規則が適用されると［디］、［티］という音になるはずですが、実際にはそうはならず、［지］、［치］という音が現れます。このような変化を口蓋音化といいます。지［tʃi チ］は語中に現れることになるため、有声音化して（濁って）［dʒi ヂ］という音になることにも注意しましょう。

口蓋音化

●表記

ㄷ，ㅌ 終声字	＋	이

●発音

終声なし	＋	지，　치 ［dʒi ヂ］　［tʃʰi チ］ （初声＝口蓋音）

굳이 ［**구지** kudʒi クヂ］あえて
같이 ［**가치** katʃʰi カチ］一緒に
밑이 ［**미치** mitʃʰi ミチ］下が

口蓋音化が起こるのは、**ㄷ、ㅌの後に이が続く場合**です。**이**以外の音が続くときには基本的には口蓋音化が起こりません。

밑에 ［**밑에** mitʰe ミテ］下に〈終声の初声化〉

レベルアップコラム

ㅌの後に여が続く場合、［처］という音になります。ただし、これは**붙여**という組み合わせの場合がほとんどですから、そのまま覚えてしまえばOKです。

붙여요 ［**부처**요 putʃʰɔjo プチョヨ］付けます

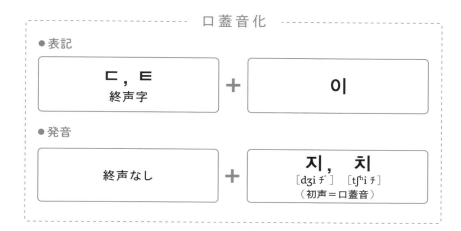

ここが要点 2

ㄴ+ㄹ、ㄹ+ㄴは[ll]で

ㄴ[n]の後に初声ㄹ[r]が続く場合、あるいはㄹ[l]の後に初声ㄴ[n]が続く場合、どちらもㄴがㄹに変わり、ㄹㄹ[ll]で発音されます。このような変化を流音化といいます。

流音化

ㄴ + ㄹ [n] [r]	→	ㄹ + ㄹ [l] [l]
ㄹ + ㄴ [l] [n]	→	ㄹ + ㄹ [l] [l]

신라스테이 〔新羅STAY〕[**실라스테이** ʃillasɯtʰei シルラステイ]
SHILLA STAY(ホテル名)

스타일난다 [**스타일란다** sɯtʰaillanda スタイルランダ]
STYLENANDA(韓国のファッションブランド)

물냉면 〔ー冷麺〕[**물랭면** mulleŋmjɔn ムルレンミョン] 水冷麺

マスターのコツ

ㄹㄹ[ll]はとても韓国語らしい音の1つですが、この発音が苦手な方は多いようです。たしかに日本語にはない音なので、難しいですね。これを発音するときのコツは、舌先を離さないことです。例えば、**신라**[**실라**]であれば、**시**[ʃi シ]を発音したあと、舌先を上の歯(前歯)の裏側よりやや奥の方につけて、ㄹ[l ル]と発音しますが、そのまま舌を離さずに次の**라**[la]へと続けてみて下さい。ここでいったん舌を離してしまうと、「シル・ラ」のように音が区切れてしまい[ll]の音にはなりません。全体をスムーズにつなげることをイメージして、一息で発音するように練習してみましょう。

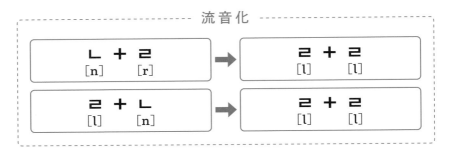

レベルアップコラム

これまでに学べなかった文字と発音のポイントを補足しておきましょう。

● ㅖの発音

>> 第4課 で母音字ㅖについて学びました。この母音字は、初声の子音字がㅇ（ゼロ子音字）のときには［je イェ］と発音されますが、ㅇ（ゼロ子音字）以外のときにはㅔ［e エ］と発音します。

〈初声字がㅇ（ゼロ子音字）のとき＝예〉

예술〔芸術〕［예술 jesul イェスル］芸術

〈初声字がㅇ（ゼロ子音字）以外のとき〉

계산〔計算〕［게산 kesan ケサン］計算　✖ キェサン

실례〔失礼〕［실레 ʃille シルレ］失礼　✖ シルリェ

● 流音の鼻音化

ㅁ、ㅇに流音ㄹが続くと、後の流音ㄹは、鼻音ㄴになって発音されます。これを流音の鼻音化といいます。

음료수〔飲料水〕［음뇨수 ɯmnjosu ウムニョス］ソフトドリンク

종로삼가〔鍾路三街〕［종노삼가 tʃoŋnosamga チョンノサムガ］鍾路3街

● 出わたり

初声のㄴ［n］、ㅁ［m］は、それぞれ［n^d］や［m^b］、つまりかすかに［d］、［b］が入ったような音で発音されることがあります。このような発音は、特に女性に多くみられるのですが、ドラマなどでも聞く機会は多いと思うので、知っておくといいでしょう。

네　［n^de ネー（デー）］はい

뭐　［m^bwɔ ムォ（ブォ）］何

第18課

ㅎの弱化

［音変化など⑦］

7回にわたってみてきた音変化シリーズもいよいよこの課で最後です。この課では、ㅎの弱化について学びましょう。

ここが要点

1 初声ㅎは語中では弱く発音

初声を表記するㅎは、語頭ではハッキリとした[h]で発音されますが、語中では弱くなってほとんど聞こえなくなってしまいます。特にㄴ、ㅁ、ㄹの後にㅎが続いたときには、前のㄴ、ㅁ、ㄹがㅎの位置に移って発音されます。これをㅎの弱化といいます。

ㅎの弱化①

●表記

ㄴ，ㅁ，ㄹ
終声字

＋

ㅎ
初声字

●発音

終声なし

＋

ㄴ，ㅁ，ㄹ
（初声）

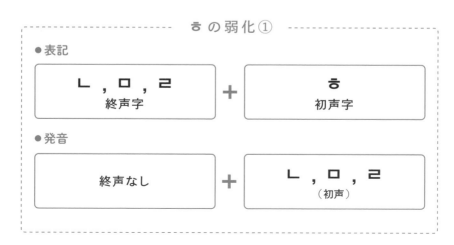

例をみてみましょう。

부산행〔釜山行〕[**부사냉** pusaneŋ ﾌﾟｻﾈﾝ]
新感染 ファイナル・エクスプレス（映画のタイトル）

말씀하세요 [**말쓰마세요** mal'sɯmasejo ﾏﾙｯｽﾏｾﾖ]
おっしゃいます

신한은행〔新韓銀行〕[**시나느냉** ʃi-na-nɯ-neŋ ｼｰﾅｰﾇｰﾈﾝ]
新韓銀行（韓国の大手銀行名）

ただし、ㅇ＋ㅎの場合は、[ㅇ＋ㅇ]の発音になります。

영화〔映画〕[**영와** jɔŋwa ﾖﾝｵｧ] 映画

쇼핑해요〔shopping－〕[**쇼핑애요** ʃopʰiŋejo ｼｮﾋﾟﾝｴﾖ]
買い物します

›› 第15課 で学んだように口音の終声[ᵗ ｯ]、[ᵖ ﾌﾟ]、[ᵏ ｸ]にㅎが続くと、前の終声が脱落し、ㅎの位置にそれぞれの終声に対応する激音が現れます（激音化）。この場合にはㅎの弱化は起こらないので、注意しましょう。

대답해요〔対答－〕[**대다패요** tedapʰejo ﾃﾀﾞﾍﾟﾖ] 答えます

시작해요〔始作－〕[**시자캐요** ʃidʒakʰejo ｼﾁﾞｬｹﾖ] 始めます

マスターのコツ

[h]の音が弱くなるという現象は、何も韓国語に限ったものではありません。例えば、英語でan hour（1時間）が[ｱｯﾅﾜｰ]、Call him.（彼に連絡して）が[ｺｰﾘﾑ]のように発音されることと似ていると考えると、わかりやすいでしょう。

ここが要点 2

ㅎは初声化したあとに弱化

ㅎの弱化のもう1つのパターンをみてみましょう。ㅎの後にゼロ子音ㅇが続く場合も、初声化したあとでやはり弱化するため、結果として、ㅎ[h]の音はほとんど聞こえなくなってしまいます。

ㅎの弱化②

●表記

ㅎ 終声字	＋	ㅇ 初声字

●発音

終声なし	＋	（ㅎ ➡）ㅇ （初声）

넣어요 [너허요 nɔ-hɔjo〈終声の初声化〉
➡ 너어요 nɔ-ɔjo ノオヨ〈ㅎの弱化〉] 入れます

ㅀ、ㄶの後にゼロ子音ㅇが続く場合は、いったん右側の子音ㅎが初声化しますが、語中で弱化してしまうため、結果として左側の子音であるㄹやㄴがㅇの位置に移って発音されます。

싫어요 [실허요 ʃil-hɔjo〈終声の初声化〉
➡ 시러요 ʃi-rɔjo シロヨ〈ㅎの弱化〉] 嫌です

괜찮아요 [궨찬하요 kwentʃʰan-hajo〈終声の初声化〉
➡ 궨차나요 kwentʃʰa-najo クウェンチャナヨ〈ㅎの弱化〉]
大丈夫です

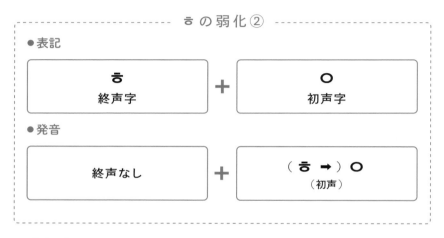

レベルアップコラム

これまで様々な音変化を学んできました。このような変化は人名や地名など固有名詞の中でも起こります。例えば、次の人名は速く言うとどのように発音されるでしょうか。

박은미（朴恩美）　**박하나**（朴ハナ）　**박미선**（朴美善）

答えは、次のとおりです。

［**바근미** pagɯnmi パグッミ］〈終声の初声化（＋有声音化）〉
［**바카나** pak^{h}ana パカナ］〈激音化〉
［**방미선** paŋmisɔn パんミソッ］〈鼻音化〉

同じ**박**（朴）という姓であるにもかかわらず、聞こえてくる音はかなり違った印象になりますね（最後の例の場合、**방미선**〈方美善〉さんと発音上は区別がつかなくなります）。固有名詞で音変化が起こると、私たちには聞き取りがかなり難しくなるので、慣れるまでは（例えば、韓国人の名前だったら）「姓／名前」で区切るなどして相手に確認するとよいでしょう。

お疲れ様でした！　この課までで基本的な文字と発音については、ひととおり学び終わりました。››第19課と››第20課では、これまでに学んできたことを振り返りながら、単語や文レベルでハングルを読む練習をしてみましょう。読めない文字や自信のない発音があっても大丈夫です。重要な発音はこれからも繰り返し出てきますから、復習をしながら、少しずつマスターしていきましょう。

第19課

漢数詞、発音トレーニング①

この課では、漢字がベースになった数詞について学んだあと、単語レベルでハングルを読む練習にチャレンジします。

ここが要点 1 漢字がもとになった漢数詞は日本語の「いち、に、さん」

発音練習を兼ねて数字の１～20までの数え方を紹介しましょう。ここで紹介するのは、日本語の「いち、に、さん…」にあたる数字で、漢字がもとになっていることから、**漢数詞**とよばれます。何度も発音して覚えてしまいましょう。

一	二	三	四	五
일	이	삼	사	오
六	七	八	九	十
육	칠	팔	구	십
十一	十二	十三	十四	十五
십일 [시빌]	십이 [시비]	십삼 [십쌈]	십사 [십싸]	십오 [시보]
十六	十七	十八	十九	二十
십육 [심뉵]	십칠	십팔	십구 [십꾸]	이십

1〜20の数え方は日本語と一緒なので、わかりやすいですね（例えば、十と五がわかれば十五という数を表すことができます）。また、漢字がベースになった数詞だけあって、三（さん）と**삼**、五（ご）と**오**など日本語と似た発音のものが多いのもうれしいですね。

ところで、11から後には表記と発音が異なるものがいくつか出てきます。どのような音変化が起こっているか、1つ1つ確認しましょう（○の数字は学習した課を表します）。

11 **십일**［**시빌**］：**ㅂ**は**이**の初声になる（終声の初声化⑬）。
［**빌**］は語中なので、濁って［bil ビ$_{ル}$］になる（有声音化⑥）。

12 **십이**［**시비**］：**ㅂ**は**이**の初声になる（終声の初声化⑬）。
［**비**］は語中なので、濁って［bi ビ］になる（有声音化⑥）。

13 **십삼**［**십쌈**］：［p］＋**ㅅ**（平音）なので、**삼**は**쌈**［ˀsam ッサ$_{ム}$］になる（濃音化⑭）。 ※［p］は息が漏れて発音される。

14 **십사**［**십싸**］：［p］＋**ㅅ**（平音）なので、**사**は**싸**［ˀsa ッサ］になる（濃音化⑭）。 ※［p］は息が漏れて発音される。

15 **십오**［**시보**］：**ㅂ**は**오**の初声になる（終声の初声化⑬）。
［**보**］は語中なので、濁って［bo ボ］になる（有声音化⑥）。

19 **십구**［**십꾸**］：［p］＋**ㄱ**（平音）なので、**구**は**꾸**［ˀku ック］になる（濃音化⑭）。

レベルアップコラム

16 **십육**では、特殊な変化が起こっています。［**심뉵** ʃimnju^{k} シ$_{ム}$ニュ$_{ク}$］という発音になるのですが、これは今のところ理屈は考えず、このまま覚えてしまいましょう。

なお、漢数詞の後には、様々な単位を表すことばがつくことがあります。これらについては、›› 第25、26、42課 で学びます。

ここからは主に単語レベルでハングルを読む練習に挑戦してみましょう。これまでに学習した文字と発音、音変化を思い出しながら、読んで下さい。

❶ **관심**〔関心〕関心
❷ **정말로**〔正－〕本当に
❸ **낮에도** 昼(に)も
❹ **없어요** ないです、いないです
❺ **놓으면** 置いたら
❻ **육년**〔六年〕6年
❼ **밭이** 畑が
❽ **중요해요**〔重要－〕重要です
❾ **놓지요?** 置きますよね
❿ **극장**〔劇場〕映画館
⓫ **합격**〔合格〕合格
⓬ **전화번호**〔電話番号〕電話番号
⓭ **학문**〔学問〕学問
⓮ **연습하고**〔練習－〕練習して
⓯ **약속**〔約束〕約束
⓰ **싫어요** 嫌です
⓱ **거짓말** 嘘
⓲ **붙이면** 付けたら
⓳ **천천히** ゆっくり
⓴ **비슷해요** 似ています

発音のポイントを確認しましょう(有声音化については、そのつど示していません)。

❶ **관심** [kwanʃim ｺｱｯｼﾑ]
❷ **정말로** [tʃɔŋmallo ﾁｮﾝﾏﾙﾛ] ※ㄹ+ ㄹ→[ll]。
❸ **낮에도** [**나제도**〈終声の初声化⑬〉nadʒedo ﾅﾁﾞｪﾄﾞ]
❹ **없어요** [**업서요**〈終声の初声化⑬〉
➡ **업써요**〈濃音化⑭〉ɔpˀsɔjo ｵﾌﾟｯｿﾖ] ※[p]は息が漏れる。
❺ **놓으면** [**노흐면**〈終声の初声化⑬〉
➡ **노으면**〈ㅎの弱化⑱〉noɯmjɔn ﾉｳﾐｮﾝ]
❻ **육년** [**융년**〈鼻音化⑯〉juŋnjɔn ﾕﾝﾆｮﾝ]
❼ **밭이** [**바치**〈口蓋音化⑰〉patʃʰi ﾊﾟﾁ]
❽ **중요해요** [**중요해(애)요**〈終声の初声化⑬〉
tʃuŋjohe(e)jo ﾁｭﾝﾖﾍ(ｴ)ﾖ]

⑨ 놓지요? [노치요 〈激音化⑮〉 notʃʰijo ノチヨ]

⑩ 극장 [극짱 〈濃音化⑭〉 kɯᵏˀtʃaŋ クッチャん]

⑪ 합격 [합껵 〈濃音化⑭〉 haᵖˀkjɔᵏ ハプッキョク]

⑫ 전화번호 [저놔버노 〈ㅎの弱化⑱〉 tʃɔnwabɔno チョノォァボノ]

⑬ 학문 [항문 〈鼻音化⑯〉 haŋmun ハんムン]

⑭ 연습하고 [연스파고 〈激音化⑮〉 jɔnsɯpʰago ヨンスパゴ]

⑮ 약속 [약쏙 〈濃音化⑭〉 jakˀsoᵏ ヤクッソク] ※[k]は息が漏れる。

⑯ 싫어요 [실허요 〈終声の初声化⑬〉

➡ 시러요 〈ㅎの弱化⑱〉 ʃirɔjo シロヨ]

⑰ 거짓말 [거짇말 〈終声規則⑫：ㅅ[ᵗ]〉

➡ 거진말 〈鼻音化⑯〉 kɔdʒinmal コヂンマル]

⑱ 붙이면 [부치면 〈口蓋音化⑰〉 putʃʰimjɔn プチミョン]

⑲ 천천히 [천처니 〈ㅎの弱化⑱〉 tʃʰɔntʃʰɔni チョンチョニ]

⑳ 비슷해요 [비슫해요 〈終声規則⑫：ㅅ[ᵗ]〉

➡ 비스태요 〈激音化⑮〉 pisɯtʰejo ピステヨ]

韓国でよく見かけるお店の名前です。発音練習をしてみましょう。

교보문고 [kjobomungo キョボムンゴ] 教保文庫（書店）
두타 [tutʰa トゥタ] DOOTA（ファッションビル）
밀리오레 [milliore ミルリオレ] Migliore（ファッションビル）
본죽 [pondʒuᵏ ポンヂュク] 本粥
교촌치킨〔橋村chicken〕[kjotʃʰontʃʰikʰin キョチョンチキン] KyoChon チキン
한신포차 [hanʃinpʰotʃʰa ハンシンポチャ] 韓信ポチャ
새마을식당 [새마을식땅 semaɯlʃiᵏˀtaŋ セマウルシクッタん] セマウル食堂
신세계백화점 [신세게배콰점 ʃinsegebekʰwadʒɔm シンセゲベコァヂョム]
新世界百貨店 ※**계**は[**게**]と発音。

第20課

固有数詞、発音トレーニング②

この課ではもう１つの数詞について学んだあと、文レベルでの発音練習に挑戦してみましょう。

ここが要点

1 ものを数えるときには固有数詞で

「ひとつ、ふたつ…」にあたることばを紹介しましょう。これは主にものを数えるときに使われ、韓国語固有の数詞なので、漢数詞(›› 第19課)に対して、固有数詞とよばれています。これも日常会話でよく使われるものなので、何度も発音して覚えてしまいましょう。

ひとつ	ふたつ	みっつ	よっつ	いつつ
하나	둘	셋 [셀]	넷 [넬]	다섯 [다섣]
むっつ	ななつ	やっつ	ここのつ	とお
여섯 [여섣]	일곱	여덟 [여덜]	아홉	열
11こ	12こ	13こ	14こ	15こ
열하나 [여라나]	열둘 [열뚤]	열셋 [열쎌]	열넷 [열렐]	열다섯 [열따섣]
16こ	17こ	18こ	19こ	20こ
열여섯 [열려섣]	열일곱 [여릴곱]	열여덟 [열려덜]	열아홉 [여라홉]	스물

ここでは、表記と発音が異なるものをピックアップして練習しましょう。

みっつ **셋**［**센**］、よっつ **넷**［**넫**］、
いつつ **다섯**［**다섣**］、むっつ **여섯**［**여섣**］：
終声字**ㅅ**は**ㄷ**［^{t}］で発音（終声規則⑫）。

やっつ **여덟**［**여덜**］：終声字**ㄼ**は**ㄹ**［l］で発音（終声規則⑫：異なる2つの子音字からなる終声字は、基本的に左側を読む）。

11こ **열하나**［**여라나**］：終声字**ㄹ**の後に**ㅎ**が続くので、**ㄹ**は**ㅎ**の位置に移って発音（**ㅎ**の弱化⑱）。

14こ **열넷**［**열렏**］：**ㄹ**［l］＋**ㄴ**［n］は、**ㄹㄹ**［ll］で発音（流音化⑰）。

17こ **열일곱**［**여릴곱**］：**열**の**ㄹ**は**이**の初声になる（終声の初声化⑬）。

19こ **열아홉**［**여라홉**］：**열**の**ㄹ**は**아**の初声になる（終声の初声化⑬）。

レベルアップコラム

次の5つでは、やや特殊な変化が起こっています。あまり理屈は考えず、このまま覚えてしまいましょう。

◆12こ **열둘**［**열뚤**］　13こ **열셋**［**열쎋**］　15こ **열다섯**［**열따섣**］
➡（参考）**열**の後の平音は濃音で発音されます。

◆16こ **열여섯**［**열려섣**］　18こ **열여덟**［**열려덜**］
➡（参考）**열**の後に**여**が続く場合は、［**열려**］という発音になります。

なお、固有数詞の後には、様々な単位を表すことばがつくことがあります。これらについては、››第26、42課 で学びます。

ここからは文字と発音の総まとめです。次のフレーズを発音しながら、これまでに学んだ内容を確認しましょう。

❶ **안녕하세요?** おはようございます、こんにちは、こんばんは。
❷ **반갑습니다.** お会いできてうれしいです。
❸ **감사합니다.** ありがとうございます。
❹ **안녕히 계세요.** さようなら。〈その場に残る人に〉
안녕히 가세요. さようなら。〈その場を去る人に〉
❺ **미안합니다.** すみません。
❻ **정말 맛있어요.** 本当においしいです(よ)。
❼ **그렇습니다.** そうです。
❽ **맞아요.** そのとおりです。
❾ **알겠습니다.** わかりました。
❿ **생일 축하합니다.** 誕生日おめでとうございます。
⓫ **다나카라고 합니다.** 田中と申します。
⓬ **잘 부탁합니다.** よろしくお願いします。
⓭ **좋아요.** いいです。
⓮ **조심히 들어가세요.** 気をつけてお帰り下さい。

発音のポイントを確認しましょう(有声音化については、そのつど示していません)。

❶ **안녕하세요?** [**안녕아세요**]〈ㅎの弱化⑱〉
❷ **반갑습니다.** [**반갑씀니다**]〈濃音化⑭、鼻音化⑯〉
❸ **감사합니다.** [**감사함니다**]〈鼻音化⑯〉
❹ **안녕히 계세요.** [**안녕이 게세요**]〈ㅎの弱化⑱〉 ※**계**は[**게**]と発音。
안녕히 가세요. [**안녕이 가세요**]〈ㅎの弱化⑱〉

❺ 미안합니다. [미아남니다] 〈ㅎの弱化⑱、鼻音化⑯〉
❻ 정말 맛있어요. [정말 마시써요] 〈終声の初声化⑬〉
❼ 그렇습니다. [그런씀니다] 〈終声規則⑫、濃音化⑭、鼻音化⑯〉
❽ 맞아요. [마자요] 〈終声の初声化⑬〉
❾ 알겠습니다. [알겐씀니다] 〈終声規則⑫、濃音化⑭、鼻音化⑯〉
❿ 생일 축하합니다. [생일 추카함니다]
〈終声の初声化⑬、激音化⑮、鼻音化⑯〉
⓫ 다나카라고 합니다. [다나카라고 함니다] 〈鼻音化⑯〉
⓬ 잘 부탁합니다. [잘부타캄니다] 〈激音化⑮、鼻音化⑯〉
⓭ 좋아요. [조하요 〈終声の初声化⑬〉 ➡ 조아요] 〈ㅎの弱化⑱〉
⓮ 조심히 들어가세요. [조시미 드러가세요]
〈ㅎの弱化⑱、終声の初声化⑬〉

ソウルの地下鉄の駅名で発音練習をしてみましょう。

미아사거리 ミアサゴリ
고속터미널 高速ターミナル
여의도 [여이도] 汝矣島
압구정 [압꾸정] 狎鴎亭
선릉 [설릉] 宣陵
신논현 [신노년] 新論峴
교대 教大
디지털미디어시티 デジタルメディアシティ
합정 [합쩡] 合井
국회의사당 [구퀘의(이)사당] 国会議事堂
잠실나루 [잠실라루] 蚕室ナル
광화문 [광와문] 光化門

地下鉄の路線名には、漢数詞＋**호선**〔号線〕がよく使われます。

일호선 [이로선] 1号線
사호선 4号線
칠호선 [치로선] 7号線
구호선 9号線
이호선 2号線
오호선 5号線
팔호선 [파로선] 8号線
삼호선 [사모선] 3号線
육호선 [유코선] 6号線

今週のチャレンジ❺

第17～20課

解答➡ p.119

第17課の問題

1 聞こえた方に〇をつけましょう。 ›› ここが要点❶❷

やってみよう

❶ a：해돋이 b：등받이 ❷ a：밭이 b：같이
❸ a：한류 b：실내 ❹ a：연락 b：관련
❺ a：붙여서 b：붙이다 ❻ a：칠년 b：팔년

2 発音してみましょう。 ›› ここが要点❶

やってみよう

❶ 해돋이 日の出 ❷ 같이 一緒に
❸ 등받이 背もたれ ❹ 붙이다 付ける
❺ 받니？ もらうのか ❻ 밭이 畑が
❼ 밭에 畑に ❽ 붙여서 貼って

3 発音してみましょう。 ›› ここが要点❷

やってみよう

❶ 실내〔室内〕室内 ❷ 한류〔韓流〕韓流
❸ 연락〔連絡〕連絡 ❹ 칠년〔七年〕7年
❺ 관련〔関連〕関連 ❻ 팔년〔八年〕8年

第18課の問題

1 聞こえた方に○をつけましょう。

>> ここが要点❶❷

やってみよう

❶ a：방향　b：은행
❷ a：올해　b：결혼
❸ a：문화　b：번호
❹ a：생활해요　b：잘했어요
❺ a：놓아요　b：넣으면
❻ a：싫어해요　b：괜찮아요

2 発音してみましょう。

>> ここが要点❶

やってみよう

❶ 번호〔番号〕番号
❷ 결혼〔結婚〕結婚
❸ 은행〔銀行〕銀行
❹ 올해 今年
❺ 방향〔方向〕方向
❻ 사인회〔sign会〕サイン会
❼ 문화〔文化〕文化
❽ 삼호선〔三号線〕（地下鉄）3号線
❾ 중학교〔中学校〕中学校
❿ 열심히〔熱心－〕一生懸命
⓫ 잘했어요 上手でした
⓬ 생활해요〔生活－〕生活します

3 発音してみましょう。

>> ここが要点❷

やってみよう

❶ 좋아요 いいです
❷ 놓아요 置きます
❸ 많아요 多いです
❹ 넣으면 入れたら
❺ 싫어해요 嫌いです
❻ 괜찮아요 大丈夫です

※p.118に続く。

4 ハングルの子音字の名称を紹介します。終声規則に注意して発音してみましょう。

やってみよう

❶ 기역 ㄱの名称　❷ 니은 ㄴの名称
❸ 디귿 ㄷの名称　❹ 리을 ㄹの名称
❺ 미음 ㅁの名称　❻ 비읍 ㅂの名称
❼ 시옷 ㅅの名称　❽ 이응 ㅇの名称
❾ 지읒 ㅈの名称　❿ 치읓 ㅊの名称
⓫ 키읔 ㅋの名称　⓬ 티읕 ㅌの名称
⓭ 피읖 ㅍの名称　⓮ 히읗 ㅎの名称

子音字の名称は、日常生活の中でも表記を説明するときなどによく使われるので、覚えておくと役に立ちます。ところで濃音の子音字の名称は**쌍**〔双〕を前につけて、次のようにいいます。

ㄲ（쌍기역） ㄸ（쌍디귿） ㅃ（쌍비읍） ㅆ（쌍시옷） ㅉ（쌍지읒）

第19課の問題

音声を聞きながら、漢数詞で1～20まで書いてみましょう。

>> ここが要点❶

一	二	三	四	五
六	七	八	九	十
十一	十二	十三	十四	十五
十六	十七	十八	十九	二十

第20課の問題

音声を聞きながら、固有数詞でひとつ～20こまで書いてみましょう。

>>ここが要点❶

ひとつ	ふたつ	みっつ	よっつ	いつつ
むっつ	ななつ	やっつ	ここのつ	とお
11こ	12こ	13こ	14こ	15こ
16こ	17こ	18こ	19こ	20こ

●解答

［第17課］ 1 ❶ a　❷ a　❸ b　❹ a　❺ b　❻ b　2 ❶［해도지 hedodʒi ヘドヂ］ ❷［가치 katʃ^{h}i カチ］ ❸［등바지 tɯŋbadʒi トゥんバヂ］ ❹［부치다 putʃ^{h}ida プチダ］ ❺［반니 panni パンニ］ ❻［바치 patʃ^{h}i パチ］ ❼［바테 pat^{h}e パテ］ ❽［부쳐서 putʃ^{h}ɔsɔ プチョソ］※❺、❼では口蓋音化が起こらない。 3 ❶［실래 ʃille シㇽレ］ ❷［할류 hallju ハㇽリュ］ ❸［열락 jɔlla^{k} ヨㇽラㇰ］ ❹［칠련 tʃ^{h}illjɔn チㇽリョン］ ❺관련［괄련 kwalljɔn コアㇽリョン］ ❻［팔련 p^{h}alljɔn パㇽリョン］

［第18課］ 1 ❶ a　❷ a　❸ b　❹ a　❺ b　❻ b　2 ❶［버노 pɔno ポノ］ ❷［겨론 kjɔron キョロン］ ❸［으냉 ɯneŋ ウネん］ ❹［오래 ore オレ］ ❺［방양 paŋjaŋ パんヤん］ ❻［사이눼 sainwe サイヌウェ］ ❼［무놔 munwa ムノァ］ ❽［사모선 samosɔn サモソン］ ❾［중악꾜 tʃuŋa$^{k?}$kjo チュんアㇰッキョ］ ❿［열시（씨）미 jɔl$^{(?)}$ʃimi ヨㇽ（ッ）シミ］ ⓫［자래써요 tʃare$^{?}$sɔjo チャレッソヨ］ ⓬생와래요［seŋwarejo セんオァレヨ］ 3 ❶［조아요 tʃoajo チョアヨ］ ❷［노아요 noajo ノアヨ］ ❸［마나요 manajo マナヨ］ ❹［너으면 nɔɯmjɔn ノウミョン］ ❺［시러해요 ʃirɔhejo シロヘヨ］ ❻［궨차나요 kwentʃ^{h}anajo クウェンチャナヨ］ 4 ❶［kijɔ^{k} キヨㇰ］ ❷［niɯn ニウン］ ❸［tigɯ^{t} ティグッ］ ❹［riɯl リウㇽ］ ❺［miɯm ミウㇺ］ ❻［piɯ^{p} ピウㇷ゚］ ❼［ʃio^{t} シオッ］ ❽［iɯŋ イウん］ ❾［지읃 tʃiɯ^{t} チウッ］ ❿［치읃 tʃ^{h}iɯ^{t} チウッ］ ⓫［키윽 k^{h}iɯ^{k} キウㇰ］ ⓬［티읃 t^{h}iɯ^{t} ティウッ］ ⓭［피읍 p^{h}iɯ^{p} ピウㇷ゚］ ⓮［히읃 hiɯ^{t} ヒウッ］

［第19課］ p.108を参照　［第20課］ p.112を参照

テーマ別単語集

1 家族

아버지 お父さん、父

어머니 お母さん、母

할아버지 おじいさん、祖父

할머니 おばあさん、祖母

아내 妻

남편〔男便〕 夫

아들 息子

딸 娘

2 身の回りのもの

책상〔冊床〕 机

의자〔椅子〕 椅子

거울 鏡

냉장고〔冷蔵庫〕 冷蔵庫

컴퓨터〔computer〕 パソコン

텔레비전〔television〕テレビ

가방 かばん

지갑〔紙匣〕 財布

第2章

体言を使った基本表現編

第21課 ▶ 第28課

いよいよ文法に入ります。
「～は～です」のような基本的な文から始めましょう。
前に来る単語によって日本語にはない
使い分けをすることがありますから、
しっかり声に出して練習しましょう。

第21課 韓国語イントロダクション②

文法・単語編 ～です(か)

第21課からは基本表現の学習に入ります。この課では、まず韓国語の文法や単語の特徴についてみたあと、最も基本的な表現である「～です(か)」を紹介します。

ここが要点 1 単語や文法は、日本語の知識も生かしながら

世界に数ある言語の中でも韓国語は、いくつかの部分において、日本語とよく似た特徴を持っています。まず次の文をみてみましょう。

사장님은 매주 토요일에 공원에서 운동을 하십니다.
社長(様)は 毎週 土曜日 に 公園 で 運動 を なさいます。

どうですか。各単語の意味をつなげると、それがほとんどそのまま自然な日本語になりますよね。つまり、**韓国語は日本語と語順がとてもよく似ている**ことがわかると思います(逆に言えば、日本語を頭から訳していくと韓国語の文を作ることも可能だというわけです)。

これだけでも驚きなのですが、実は日本語と韓国語の共通点は語順だけにとどまりません。簡単にまとめてみましょう。

日本語と韓国語の共通点

- 助詞（てにをは）が存在している。

사장님은 = **사장님** 社長（様）＋ **−은**（〜は）

- 日本語と共通した漢字語が多く使われる（音の規則が対応しているものが多く、意味の類推がしやすい）。

토요일〔土曜日〕土曜日、**운동**〔運動〕運動

- 敬語が発達している。
- 日本語の常体と敬体のように、書きことばと話しことば、あるいは丁寧度による文体の区別がある。

하십니다 なさいます

このように韓国語は、日本語がわかる人にとって、とても理解しやすい言語です。日本語の知識を生かせる部分は、しっかり生かして学ぶことがポイントだといえるでしょう。

マスターのコツ

漢字語の存在は、語彙を増やすうえで強い味方になってくれます。

예정〔予定〕　**약속**〔約束〕　**예약**〔予約〕

このように2つの単語から**예약**（予約）という単語が類推できるのは日本語と同じ要領です。ただし、**점심**〔点心〕（昼食、昼ご飯）や**감기**〔感気〕（風邪）のように韓国語と日本語でズレが生じるものもいくつか存在します。

ここが要点 2

「～です(か)」は、子音の有無によって表現を区別しよう

ここから »第28課 までは、主に体言(= 名詞類)につく表現を集中的に学びます。この課では、まず「～です(か)」という表現を覚えましょう。

	～です	～ですか
子音終わり体言	～이에요.	～이에요?
母音終わり体言	～예요.	～예요?

日本語では「～です(か)」は、前にどのような体言(名詞類)がきても、常に同じ形ですが、韓国語では**前にくる体言が子音で終わるか、母音で終わるか**(表記でいえば、最後に終声字があるか、ないか)**によって異なる表現**が用いられることに注意しましょう。このように韓国語の文法では、前が子音終わりか母音終わりかによって、後につく形が変わることがよくあるので、少しずつ慣れていって下さい。

それから、この表現の場合、文末に「.」(ピリオド)を打ち、下げ調子(↘)に発音すると「～です」(平叙文)、文末に「?」(クエスチョンマーク)を打ち、上げ調子(↗)に発音すると「～ですか」(疑問文)になります。例をみてみましょう。

● 子音終わり体言の場合

과일 果物	과일이에요.	[과이리에요↘]	果物です。
	과일이에요?	[과이리에요↗]	果物ですか。

이쪽 こちら	이쪽이에요. ［이쪼기에요↘］こちらです。
	이쪽이에요? ［이쪼기에요↗］こちらですか。

● 母音終わり体言の場合

바다 海	바다예요. ［바다에요↘］海です。
	바다예요? ［바다에요↗］海ですか。
오이 きゅうり	오이예요. ［오이에요↘］きゅうりです。
	오이예요? ［오이에요↗］きゅうりですか。

※母音終わりの体言につく～**예요**は、表記上は［jejo ｲｪﾖ］ですが、実際の発音は［ejo ｴﾖ］となります。

マスターのコツ

後にどのような表現がくるかを考えていると、発音にまで気が回らないかもしれません。ですから、初めのうちは**이쪽이에요.**（こちらです）を［**이쪽/이에요**］のように区切って発音しても大丈夫です。慣れてきたら、次の点に気をつけて発音してみましょう。

● 子音終わりの体言に～**이에요**がつくときには、終声の初声化（›› 第13課）が起こります。

과일이에요. ［과이리에요 kwairiejo ｺｧｲﾘｴﾖ］

● 子音終わりの体言のうち、ㄱ、ㄷ、ㅂ、ㅈのいずれかで終わる場合は、初声化した結果、有声音化が起こります（つまり濁ります ›› 第6課）。

이쪽이에요. ［이쪼기에요 i^{ʔ}tʃogiejo ｲｯﾁｮｷﾞｴﾖ］

第22課

わたし、ここ ［代名詞①］ | ～は、～が、～の ［助詞①］

この課では、「わたし」や「ここ」のような代名詞といくつかの助詞について学びます。文法の課に入っても発音練習をしっかりしながら勉強を進めていきましょう。

ここが要点 1 会話でよく使う１人称代名詞と場所の代名詞

よく使われる代名詞を紹介しましょう。まずは人を表す代名詞ですが、日本語と同じように2人称（あなた〈たち〉）、3人称（彼、彼女〈たち〉）はほとんど使われず、１人称（わたし〈たち〉）のみが多用されます。

	単数	複数
より丁寧	저 わたくし	저희 わたくしたち
丁寧	나 わたし、僕	우리 わたしたち、僕たち

この表の左右は、単数（１人）か複数（2人以上）かによる区別です。また、上下は聞き手/読み手に対する丁寧さの度合いによる区別です。例えば、単数（自分１人）であれば、**初対面や目上の人**に対しては**저**（わたくし）を、**親しい人、対等な人**には**나**（わたし、僕）を使うといった具合です。ちなみに**男女による区別はありません**。

次に場所を表す代名詞類を紹介しましょう。

ここ	そこ	あそこ	どこ
여기	거기	저기	어디
こちら	そちら	あちら	どちら
이쪽	그쪽	저쪽	어느 쪽

저 わたくし ➡ **저예요.** わたくしです。
저기 あそこ ➡ **저기예요.** あそこです。
그쪽 そちら ➡ **그쪽이에요?** そちらですか。

ここが要点

2 助詞「～は」と「～が」は、2種類を区別しよう

›› 第21課 で韓国語にも日本語の「てにをは」に相当する助詞が存在することを学びました。韓国語の助詞も日本語と同じく、種類が多いのですが、この課では、手始めに「～は」、「～が」にあたる助詞をみてみましょう。

	～は	～が
子音終わり体言	-은	-이
母音終わり体言	-는	-가

›› 第21課 で体言（名詞類）につく「～です（か）」という表現は、前にくる体言が子音終わりか、母音終わりかによって、～**이에요(?)**、～**예요(?)**を区別することを学びました。この表をみると「～は」、「～が」にあたる助詞の場合も前の体言が**子音終わりか、母音終わりかによって2種類を区別**することがわかりますね。例をみてみましょう。

● 子音終わり体言の場合

물 水	물은 [무른] 水 は	물이 [무리] 水 が
보쌈※ ポッサム	보쌈은 [보싸믄] ポッサム は	보쌈이 [보싸미] ポッサム が
저녁 夕ご飯	저녁은 [저녀근] 夕ご飯 は	저녁이 [저녀기] 夕ご飯 が

※**보쌈**：ゆでた豚肉をキムチやニンニクなどと野菜に巻いて食べる料理。

ここでも終声の初声化（一番下の例ではさらに有声音化）が起こっていることに注意しましょう。なお、›› 第13課 で学んだように、終声字**ㅇ**[ŋ]で終わる体言の後に、ゼロ子音から始まるこれらの助詞（-**은**、-**이**）が続いたときには、[**ㅇ은**]、[**ㅇ이**]と発音されますが、このとき**으**、**이**はそれぞれ鼻にかかったグ、ギのような音（鼻濁音）になります。次の例をみてみましょう。

사랑 愛	사랑은 [사랑은] 愛 は	사랑이 [사랑이] 愛 が

WEEK▶

● 母音終わり体言の場合

의사 〔医師〕 医者	**의사는** 医者 は	**의사가** 医者 が
우리 わたしたち	**우리는** わたしたち は	**우리가** わたしたち が
비행기 〔飛行機〕 飛行機	**비행기는** 飛行機 は	**비행기가** 飛行機 が

なお、**저**（わたくし）や**나**（わたし、僕）に－**가**（～が）がつくときには、次のように特別な形になるので、注意が必要です。

제가 わたくしが （**저가**×）
내가 わたしが、僕が （**나가**×）

ところで、日本語では「学校の前」、「英語の教科書」のように助詞「～の」がよく使われますね。韓国語にもこれに相当する助詞－**의**（発音は［**에 e**］）があるにはあるのですが、実際にはあまり多く使われません。

上の例であれば、**학교 앞**（←学校前）、**영어 교과서**（←英語教科書）のようにいうほうがむしろ自然です。なお、「わたくしの～」は **제** ～、「わたしの～、僕の～」は **내** ～というので、これは１単語として覚えてしまいましょう。

학교 앞이에요. 学校の前です。
선생님 전화번호예요? 先生の電話番号ですか。
제 지갑이에요. わたくしの財布です。

WEEK6

第23課

～ではありません(か)

>> 第21課 では体言（名詞類）について「～です（か）」という意味を表す文の作り方を学びました。この課では、その否定文「～ではありません（か）」について学びます。

ここが要点 1 「～ではありません（か）」は、–이、–가の区別に注意

体言について「～ではありません（か）」という意味を表す表現は、次のとおりです。

	～ではありません	～ではありませんか
子音終わり体言	–이 아니에요.	–이 아니에요?
母音終わり体言	–가 아니에요.	–가 아니에요?

このような表の見方にも少しずつ慣れてきたのではないでしょうか。この課で学ぶ「～ではありません」という表現も前にくる体言が子音終わりか、母音終わりかによって区別をするようですね。

しかもよくみてみると、この表現の中には、»第22課で学んだ助詞「～が」、つまり-**이/가**を含んでいます。ということは、-이は**子音終わりの体言**に、-가は**母音終わりの体言**につくという点に注意して、それぞれ後に**아니에요.(?)**を続ければ、簡単に否定の文を作ることができるわけです。

マスターのコツ

日本語では「～ではありません」なのにどうして、韓国語では「～が」(-**이/가**)が現れているのか不思議に思われた方がいるかもしれません。実は、このように韓国語の助詞は日本語の助詞とたまに用法が異なるときがあるのです。こうした違いについては追って学習していきますので、今の段階では-**이/가 아니에요.(?)**を1つのかたまりのように覚えてしまいましょう。

それでは、例をいくつかみてみましょう。

● 子音終わり体言の場合

과일 果物	**과일**이 아니에요. 果物 では ありません。
	과일이 아니에요? 果物 では ありませんか。
틱톡 〔TikTok〕 TikTok	**틱톡**이 아니에요. TikTok では ありません。
	틱톡이 아니에요? TikTok では ありませんか。

ここでも終声の初声化（一番下の例ではさらに有声音化）が起こっていますね。なお、››第13課 で学んだように、終声字ㅇ[ŋ]で終わる体言の後に、ゼロ子音から始まる-**이 아니에요.(?)**が続くときには、[**ㅇ이 아니에요**]と発音されますが、このとき**이**は鼻にかかったギのような音（鼻濁音）になります。

노래방 [ー房] カラオケ	**노래방**이 아니에요. [노래방이] カラオケ では ありません。

● 母音終わり体言の場合

바다 海	**바다**가 아니에요. 海 では ありません。
	바다가 아니에요? 海 では ありませんか。
오이 きゅうり	**오이**가 아니에요. きゅうり では ありません。
	오이가 아니에요? きゅうり では ありませんか。
운동선수 〔運動選手〕 運動選手	**운동선수**가 아니에요. 運動 選手 では ありません。
	운동선수가 아니에요? 運動 選手 では ありませんか。

ところで、韓国語の文を書くときには、日本語の文節（「〜ヨ、〜ネ、〜サ」を入れて区切れる単位）にあたる単位はまとめて書き、文節と文節の間は1マス離して書くという規則があります。このような文の表記方法のことを**分かち書き**といいます。例えば、

여기는 학교가 아니에요.
ここ は　学校 では　ありません。

という文では、「ここは（ネ）//学校では（ネ）//ありません（ヨ）」のように区切ることができるので、//の部分で離して書く、というわけです（ちなみに文が2つ以上続くときには文と文の間でも分かち書きをします）。

これは英語でI study Korean.（私は韓国語を勉強する）をIstudyKorean.と続けて書かないことと似ていますね。

WEEK 6

レベルアップコラム

ここで学んだ表現、**-이/가 아니에요.(?)**は、会話では**-이/가**を省略して言うこともよくあります。特に疑問文として用いられたときには、「〜じゃないんですか」のように確認の意味が強く表されます。

오늘 상훈 씨 생일 아니에요?
今日、サンフンさんの誕生日じゃないんですか。

정말 아이폰이에요? 안드로이드 아니에요?
本当にアイフォンですか。アンドロイドじゃないんですか。

第24課

この～、これ

［代名詞②］

「この～、その～、あの～、どの～」にあたることば、「これ、それ、あれ、どれ」にあたることばを学びましょう。

ここが要点 1

こそあど+名詞は이、그、저、어느

名詞の前について「この～、その～、あの～、どの～」と指し示すことばを紹介しましょう。

この～	その～、(例の)あの～	あの～	どの～
이 ～	그 ～	저 ～	어느 ～

基本的に日本語の表現に一対一対応するのですが、「**あの～**」に関しては、**저 ～と、그 ～の2つの訳**が考えられるので注意しましょう。この使い分けは次のとおりです。

- **遠くに見えている**ものごと、人などを示す「あの～」
  ➡ **저** ～ （お互いの視界に入っている）
- **お互いに知っている**ものごと、人などを示す「(例の)あの～」
  ➡ **그** ～ （お互いの視界には入っていない）

例えば、遥か遠くに見える富士山を指さして「あの山」というときには저 산、この間会った「(例の)あの人」というときには그 사람といえばよいわけです(ちなみに »第22課 で学んだ場所を表す代名詞類にも同じような使い分けがあります。例えば「(遠くの)あちら」は저쪽、「(例の)あちら」は그쪽です)。

それから表記上の注意点も1つだけ。この表現は体言(名詞類)の前に置いて使われますが、後の体言との間では分かち書きをする(つまり、単語と単語の間を1マス離して書く)ことになっているので気をつけましょう。

では、これらの注意点に気をつけて例をいくつかみてみましょう。

우산〔雨傘〕傘	이 우산 この 傘	그 우산 その傘、(例の)あの傘
	저 우산 あの 傘	어느 우산 どの 傘
친구〔親旧〕友達	이 친구 この 友達	그 친구 その友達、(例の)あの友達
	저 친구 あの 友達	어느 친구 どの 友達
사람 人	이 사람 この 人	그 사람 その人、(例の)あの人
	저 사람 あの 人	어느 사람 どの 人

A：이 우산이에요? この傘ですか。

B：아뇨. 이 우산이 아니에요. いいえ。この傘ではありません。

A：어느 친구예요? どの友達ですか。

B：그 친구예요. その友達です、(例の)あの友達です。

ここが要点 2

こそあどの代名詞は「もの＝것」で終わる

ここで1つ便利な単語を紹介しましょう。「もの」や「こと」という意味の単語なのですが、韓国語では**것**［**걷**］と言います。例えば、「友達のもの」、「先生のもの」は、次のように言います。

친구 것［친구껃］ 友達のもの
선생님 것［선생님껃］ 先生のもの

›› 第22課 で学んだように韓国語では助詞「〜の」があまり使われないので、「AのB」は、単純に「AB」のように並べればOKです。ですから、上の表現も「友達もの」、「先生もの」といった言い方になっていますね。

ところで、この単語は発音上、1つ注意することがあります。**「（誰々/何々の）もの」と言うとき**には、**것は［껃］のように濃音で**発音されるので気をつけましょう。

今度は、「これ、それ、あれ、どれ」という意味を表すことば（指示代名詞）を紹介しましょう。

これ	それ、（例の）あれ	あれ	どれ
이것 （이거）	그것 （그거）	저것 （저거）	어느 것 （어느 거）

>> ここが要点❶ で紹介した**이**（この～）、**그**（その～、〈例の〉あの～）、**저**（あの～）、**어느**（どの～）と**것**（もの、こと）が含まれているので、覚えやすいですね。つまり、**이것**（←このもの）、**그것**（←そのもの、〈例の〉あのもの）、**저것**（←あのもの）、**어느 것**（←どのもの）という意味がもとになって、それぞれ「これ」、「それ、（例の）あれ」、「あれ」、「どれ」という語になっているのです。

また、表中で各語の下に（　）で書かれたものは、話しことばでよく使われる形ですが、いずれも것が거になるだけなので、覚えやすいですね。

A：**이것은 일본 지도예요?** これは日本の地図ですか。
B：**네. 그것은 일본 지도예요.** はい。それは日本の地図です。

A：**이것이 다나카 씨 우산이에요?**
これが田中さんの傘ですか。
B：**아뇨. 그것은 제 우산이 아니에요.**
いいえ。それはわたくしの傘ではありません。

A：**어느 것이에요?** どれですか。
B：**저거예요.** あれです。〈話しことば〉

レベルアップコラム

4つの指示代名詞の分かち書きに注意しましょう。**이것**（これ）、**그것**（それ、〈例の〉あれ）、**저것**（あれ）は分かち書きをせずにつけて書きますが、**어느 것**（どれ）だけは分かち書きをします（つまり、**어느**と**것**の間は1マス離して書きます）。

今週のチャレンジ❻

第21～24課

第21課の問題

1 例のように会話を組み立ててみましょう。 >> ここが要点❷

例1 **신문**〔新聞〕新聞

A：**신문이에요?** 新聞ですか。
B：**네. 신문이에요.** はい。新聞です。

例2 **마스크**〔mask〕マスク

A：**마스크예요?** マスクですか。
B：**네. 마스크예요.** はい。マスクです。

やってみよう

❶ **냉면**〔冷麺〕冷麺 ❷ **고추** 唐辛子 ❸ **지갑**〔紙匣〕財布
❹ **커피**〔coffee〕コーヒー ❺ **식당**〔食堂〕食堂
❻ **화장실**〔化粧室〕トイレ ❼ **전화번호**〔電話番号〕電話番号

第22課の問題

1 例のように助詞「～は」、「～が」をつけてみましょう。

>> ここが要点❷

例1 **시간**〔時間〕時間

시간은 時間は **시간이** 時間が

例2 **휴지**〔休紙〕ティッシュ

휴지는 ティッシュは　**휴지가** ティッシュが

やってみよう

❶**냉면**〔冷麺〕冷麺　❷**오이** きゅうり
❸**지갑**〔紙匣〕財布　❹**고추** 唐辛子
❺**공항**〔空港〕空港　❻**이쪽** こちら　❼**바다** 海

---

2 例のように会話を組み立ててみましょう（助詞だけでなく、›› 第21課 で学んだ～**이에요**（?）、～**예요**（?）の区別にも気をつけましょう）。 ›› ここが要点❶❷

例1 **식당**〔食堂〕食堂　**저기** あそこ

A：**식당은 저기예요?** 食堂はあそこですか。
B：**네. 저기예요.** はい。あそこです。

例2 **경찰서**〔警察署〕警察署　**그쪽** そちら

A：**경찰서는 그쪽이에요?** 警察署はそちらですか。
B：**네. 그쪽이에요.** はい。そちらです。

やってみよう

❶**화장실**〔化粧室〕トイレ　**거기** そこ
❷**입구**〔入口〕入口　**이쪽** こちら
❸**출구**〔出口〕出口　**여기** ここ
❹**우체국**〔郵逓局〕郵便局　**저쪽** あちら

●解答

［第21課］ **1** ❶ A：냉면이에요? B：네. 냉면이에요. ❷ A：고추예요? B：네. 고추예요. ❸ A：지갑이에요? B：네. 지갑이에요. ❹ A：커피예요? B：네. 커피예요. ❺ A：식당이에요? B：네. 식당이에요. ❻ A：화장실이에요? B：네. 화장실이에요. ❼ A：전화번호예요? B：네. 전화번호예요.

［第22課］ **1** ❶냉면은 냉면이 ❷오이는 오이가 ❸지갑은 지갑이 ❹고추는 고추가 ❺공항은 공항이 ❻이쪽은 이쪽이 ❼바다는 바다가 **2** ❶ A：화장실은 거기예요? B：네. 거기예요. ❷ A：입구는 이쪽이에요? B：네. 이쪽이에요. ❸ A：출구는 여기예요? B：네. 여기예요. ❹ A：우체국은 저쪽이에요? B：네. 저쪽이에요.

第23課の問題

1 例のように会話を組み立ててみましょう。 >>ここが要点❶

例1 **김밥** [김빱] のり巻き、キンパ

A：김밥이 아니에요? のり巻きではありませんか。
B：네. 김밥이 아니에요. はい。のり巻きではありません。

例2 **오이** きゅうり

A：오이가 아니에요? きゅうりではありませんか。
B：네. 오이가 아니에요. はい。きゅうりではありません。

やってみよう
❶ **입구**〔入口〕入口 ❷ **저녁** 夕ご飯 ❸ **아버지** お父さん、父
❹ **병원**〔病院〕病院 ❺ **티켓**〔ticket〕チケット
❻ **선생님 노트**〔先生－ note〕先生のノート
❼ **시미즈 씨 연필**〔清水 氏 鉛筆〕清水さんの鉛筆

2 例のように会話を組み立ててみましょう。 >>ここが要点❶

例1 **화장실**〔化粧室〕トイレ

A：화장실이에요? トイレですか。
B：아뇨. 화장실이 아니에요. いいえ。トイレではありません。

例2 **출구**〔出口〕出口

A：출구예요? 出口ですか。
B：아뇨. 출구가 아니에요. いいえ。出口ではありません。

やってみよう
❶ **물** 水 ❷ **고추** 唐辛子 ❸ **우산**〔雨傘〕傘
❹ **여기** ここ ❺ **밥** ご飯 ❻ **우리** わたしたち
❼ **전화번호**〔電話番号〕電話番号

第24課の問題

1 例のように会話を組み立ててみましょう。 >> ここが要点❶❷

例1 **노트북**〔notebook〕ノートパソコン

A：**이것은 선생님 노트북이에요?**
これは先生のノートパソコンですか。

B：**아뇨. 그 노트북은 선생님 것이 아니에요.**
いいえ。そのノートパソコンは先生のものではありません。

例2 **티셔츠**〔T-shirt〕Tシャツ

A：**이것은 선생님 티셔츠예요?** これは先生のTシャツですか。

B：**아뇨. 그 티셔츠는 선생님 것이 아니에요.**
いいえ。そのTシャツは先生のものではありません。

やってみよう

❶**약**〔薬〕薬
❷**양말**〔洋襪〕靴下
❸**교과서**〔教科書〕教科書
❹**안경**〔眼鏡〕めがね
❺**지도**〔地図〕地図
❻**열쇠** 鍵
❼**손수건**〔－手巾〕ハンカチ

●解答

［第23課］ **1** ❶A：입구가 아니에요? B：네. 입구가 아니에요. ❷A：저녁이 아니에요? B：네. 저녁이 아니에요. ❸A：아버지가 아니에요? B：네. 아버지가 아니에요. ❹A：병원이 아니에요? B：네. 병원이 아니에요. ❺A：티켓이 아니에요? B：네. 티켓이 아니에요. ❻A：선생님 노트가 아니에요? B：네. 선생님 노트가 아니에요. ❼A：시미즈 씨 연필이 아니에요? B：네. 시미즈 씨 연필이 아니에요. **2** ❶A：물이에요? B：아뇨. 물이 아니에요. ❷A：고추예요? B：아뇨. 고추가 아니에요. ❸A：우산이에요? B：아뇨. 우산이 아니에요. ❹A：여기예요? B：아뇨. 여기가 아니에요. ❺A：밥이에요? B：아뇨. 밥이 아니에요. ❻A：우리예요? B：아뇨. 우리가 아니에요. ❼A：전화번호예요? B：아뇨. 전화번호가 아니에요.

［第24課］ **1** ❶：이것은 선생님 약이에요? B：아뇨. 그 약은 선생님 것이 아니에요.
❷A：이것은 선생님 양말이에요? B：아뇨. 그 양말은 선생님 것이 아니에요.
❸A：이것은 선생님 교과서예요? B：아뇨. 그 교과서는 선생님 것이 아니에요.
❹A：이것은 선생님 안경이에요? B：아뇨. 그 안경은 선생님 것이 아니에요.
❺A：이것은 선생님 지도예요? B：아뇨. 그 지도는 선생님 것이 아니에요.
❻A：이것은 선생님 열쇠예요? B：아뇨. 그 열쇠는 선생님 것이 아니에요.
❼A：이것은 선생님 손수건이에요? B：아뇨. 그 손수건은 선생님 것이 아니에요.

\使える！/

丸覚えフレーズ⑩～⑬

⑩ 화이팅!

ファイト！

英語で書くと、「fighting」。応援をしたり、気合を入れるときのひとことです。文字で書くときには「**파이팅**」になることもあります。例えば、これから試験を受ける人に言ったり、スポーツの試合やステージが始まる前にみんなで言ったりします。皆さんも韓国語の勉強、**화이팅**!

⑪ 수고하세요.

お疲れさまです。（←ご苦労なさって下さい）

今、仕事をしている人やこれから仕事をする人に対して用いられる労をねぎらう表現です。飲食店や商店で支払いを終えたあと、お客さんが店を出ながら店員さんに対してこの表現を使うこともあります。

⑫ 어떠세요?

いかがですか。

相手に何かを勧めたり、意見を求めるときに使える表現です。例えば、お菓子を差し出しながら**어떠세요?**、お菓子を食べた感想を求めて**어떠세요?**のように言ってみましょう。なお、この表現は尊敬表現を含んでいるため、目上や初対面の人に対して使います。そこまで丁寧に言う必要がない場合には、「どうですか」という意味の**어때요?**を使えばOKです。

⑬ ○○ 팬이에요.

○○のファンです。

ファン（fan）は韓国語で**팬**といいます。○○に好きなグループやアイドルの名前を入れて言ってみましょう。

BTS（방탄소년단）팬이에요. BTSのファンです。
아이유 팬이에요. IUのファンです。
박서준 팬이에요. パク・ソジュンのファンです。
이민호 팬이에요. イ・ミンホのファンです。

ここでアイドルグループの名前を韓国語でどのように言うのか、いくつかみてみましょう。

● 男性グループ

아이콘 iKON
인피니트 INFINITE
엔하이픈 ENHYPEN
슈퍼주니어 SUPER JUNIOR
세븐틴 SEVENTEEN
트레저 TREASURE
투모로우바이투게더 TOMORROW × TOGETHER
아스트로 ASTRO
엑소 EXO
샤이니 SHINee
스트레이 키즈 Stray Kids
동방신기 東方神起
빅뱅 BIGBANG

● 女性グループ

아이즈원 IZ*ONE
에스파 aespa
소녀시대 少女時代
블랙핑크 BLACKPINK
모모랜드 MOMOLAND
있지 ITZY
오마이걸 OH MY GIRL
트와이스 TWICE
마마무 mamamoo
레드벨벳 RedVelvet

第25課

年月日、曜日

この課では、年月日や曜日の表現について学びましょう。

ここが要点 1

年月日の表現は漢数詞を使って

年月日の表現、曜日を表すことばを紹介します。年月日の表現には漢数詞（››第19課）を使うので、まずはその復習から始めましょう。

일 一	이 二	삼 三	사 四	오 五	육 六	칠 七	팔 八	구 九	십 十
십일 十一	십이 十二	십삼 十三	십사 十四	십오 十五	십육 十六	십칠 十七	십팔 十八	십구 十九	이십 二十

では、月、日、年の順に表現をみていきましょう。

● ○月：（基本的に）漢数詞＋월〔月〕

一月	二月	三月	四月	五月	六月
일월 ［이뤌］	이월	삼월 ［사뭘］	사월	오월	유월※
七月	八月	九月	十月	十一月	十二月
칠월 ［치뤌］	팔월 ［파뤌］	구월	시월※	십일월 ［시비뤌］	십이월 ［시비월］

※6月は**유월**（**육월**×）、10月は**시월**（**십월**×）となることに気をつけましょう。

● ○日：漢数詞 + 일〔日〕

»第19課 では20までの漢数詞を学びましたが、21以降も日本語と同じ要領でいうことができます。

1日	2日	3日	4日	5日	6日	7日
일일 [이릴]	**이일**	**삼일** [사밀]	**사일**	**오일**	**육일** [유길]	**칠일** [치릴]

8日	9日	10日	11日	12日	13日
팔일 [파릴]	**구일**	**십일** [시빌]	**십일일** [시비릴]	**십이일** [시비일]	**십삼일** [십싸밀]

14日	15日	16日	17日	18日	19日
십사일 [십싸일]	**십오일** [시보일]	**십육일**※ [심뉴길]	**십칠일** [십치릴]	**십팔일** [십파릴]	**십구일** [십꾸일]

20日	21日	22日	23日	24日
이십일 [이시빌]	**이십일일** [이시비릴]	**이십이일** [이시비일]	**이십삼일** [이십싸밀]	**이십사일** [이십싸일]

25日	26日	27日	28日	29日
이십오일 [이시보일]	**이십육일**※ [이심뉴길]	**이십칠일** [이십치릴]	**이십팔일** [이십파릴]	**이십구일** [이십꾸일]

30日	31日
삼십일 [삼시빌]	**삼십일일** [삼시비릴]

※16 **십육**は［**심뉵**］、26 **이십육**は［**이심뉵**］という発音になることに注意しましょう。

マスターのコツ

次の表現は、言ったり、聞いたりするときに混同しやすいので、注意して練習しましょう。

일월［이뤌］（1月）⇔ **이월**（2月）　**일일**［이릴］（1日）⇔ **이일**（2日）
삼월［사뭘］（3月）⇔ **사월**（4月）　**삼일**［사밀］（3日）⇔ **사일**（4日）

● ○○年：漢数詞+년〔年〕

千は**천**、百は**백**といいます。年の表現は上でみた月日の表現に比べて長くなるため、ここでは百や千の位で区切って発音してみましょう（○○/○○の位置で区切って発音してみましょう）。

천구백 오십년 千 九 百 五 十 年（1950年）	［천구백 / 오심년］	〈鼻音化〉
천구백 육십오년 千 九 百 六 十 五 年（1965年）	［천구백 / 육씨보년］	〈濃音化、終声の初声化〉
천구백 칠십칠년 千 九 百 七 十 七 年（1977年）	［천구백 / 칠십(씹)칠련］	〈流音化〉
천구백 팔십삼년 千 九 百 八 十 三 年（1983年）	［천구백 / 팔십(씹)쌈년］	〈濃音化〉
천구백 구십사년 千 九 百 九 十 四 年（1994年）	［천구백 / 구십싸년］	〈濃音化〉
이천 팔년 二 千 八 年（2008年）	［이천 / 팔련］	〈流音化〉
이천 십육년 二 千 十 六 年（2016年）	［이천 / 심뉸년］	〈16の発音、鼻音化〉
이천 이십이년 二 千 二 十 二 年（2022年）	［이천 / 이시비년］	〈終声の初声化〉

● ○曜日：○요일〔曜日〕

日曜日	月曜日	火曜日	水曜日
일요일 [이료일]	월요일 [워료일]	화요일	수요일
木曜日	金曜日	土曜日	
목요일 [모교일]	금요일 [그묘일]	토요일	

マスターのコツ

数字は簡単なようですが、スラスラ使いこなせるようになるには、ある程度、時間がかかります（韓国語の場合は、音変化もあるので、余計に面倒ですね）。初めのうちは1語ずつ丁寧に発音し、慣れてきたら徐々に速く、スムーズに言う練習をしていけばＯＫです。特に年の表現は長いので、まずは**自分がよく使うものから**口を慣らしていくとよいでしょう。

ところで「**何月何日**」と「**何曜日**」という表現は次のようになります。表記や発音が特殊なので、これは**このまま覚えて**しまいましょう。

몇 월 며칠 [며뒬며칠] 何月何日

무슨 요일 [무슨뇨일] 何曜日

A：**몇 월 며칠이에요?** 何月何日ですか。
B：**사월 십오일이에요.** 4月15日です。

A：**오늘은 무슨 요일이에요?** 今日は何曜日ですか。
B：**금요일이에요.** 金曜日です。

第26課

時間

この課では、時間の表現を勉強しましょう。

ここが要点 1 ○時は固有数詞、○分は漢数詞で

○時○分という表現を紹介します。韓国語の時間表現は、**○時は固有数詞**（›› 第20課）、**○分は漢数詞**（›› 第19課）を使って表現します。

漢数詞については ›› 第25課 で復習したので、ここではまず固有数詞の復習から始めましょう（時間は12時間制でいうことがほとんどなので、「12こ」までを復習することにします）。

ひとつ	ふたつ	みっつ	よっつ	いつつ	むっつ
하나	둘	셋 ［셴］	넷 ［넨］	다섯 ［다섣］	여섯 ［여섣］
ななつ	**やっつ**	**ここのつ**	**とお**	**11こ**	**12こ**
일곱	여덟 ［여덜］	아홉	열	열하나 ［여라나］	열둘 ［열뚤］

マスターのコツ

固有数詞はなかなか覚えにくいという声をよく聞きます（何を隠そう、私もその1人でした）。「語学の学習に王道なし」とはよく言いますが、何度も発音をすると自然に覚えることができるようです。ただし、そのときにただ**하나**、**둘**…とゆっくり言っていては、後半を忘れがちなので、

「하나、둘、셋、넷 // 다섯、여섯、일곱、여덟 // 아홉、열」

のように「4つ//4つ//2つ」で区切ってリズミカルに言ってみましょう（音声も参考にして下さい）。練習あるのみです！

では、時、分の順に表現をみていきましょう。

● **○時：固有数詞+시〔時〕**

（オレンジ色の部分の発音は、そのまま覚えてしまいましょう）。

1時から4時、11時、12時は、数詞の部分が不規則になるので、気をつけましょう。

1時：한시（하나시×）　2時：두시（둘시×）
3時：세시（셋시×）　4時：네시（넷시×）
11時：열한시（열하나시×）　12時：열두시（열둘시×）

● ○分：漢数詞+분〔分〕

分の表現は多いので、1分から20分までみたあとは、10分刻みに発音してみましょう。

1分	2分	3分	4分	5分	6分
일분	이분	삼분	사분	오분	육분［육뿐］
7分	**8分**	**9分**	**10分**	**11分**	**12分**
칠분	팔분	구분	십분［십뿐］	십일분［시빌분］	십이분［시비분］
13分	**14分**	**15分**	**16分**	**17分**	**18分**
십삼분［십쌈분］	십사분［십싸분］	십오분［시보분］	십육분［심뉵뿐］	십칠분	십팔분
19分	**20分**	**30分**	**40分**	**50分**	**59分**
십구분［십꾸분］	이십분［이십뿐］	삼십분［삼십뿐］	사십분［사십뿐］	오십분［오십뿐］	오십구분［오십꾸분］

30分は日本語と同じように반〔半〕（半）と言うこともできます。時間の表現の例をいくつかみてみましょう（下の訳はあえて直訳のような表現にしてあります。○○/○○の位置で区切って発音してみましょう）。

한시 십분 [한시/십뿐]
ひとつ時　十　分　(1時10分)　〈濃音化〉

세시 이십삼분 [세시/이십쌈분]
みっつ時　二　十　三　分　(3時23分)　〈濃音化〉

다섯시 사십팔분 [다섣씨/사십팔분]
いつつ　時　四　十　八　分　(5時48分)　〈濃音化〉

여덟시 오십칠분 [여덜씨/오십칠분]
やっつ　時　五　十　七　分　(8時57分)　〈終声規則、特殊な濃音化(ㅆ)〉

열두시 십육분 [열뚜시/심뉵뿐]
12こ　時　十　六　分　(12時16分)　〈特殊な濃音化(ㄸ)、16の発音、濃音化〉

時間に関しては、次のことばも覚えておくと便利です。

몇 시 何時	**몇 분** 何分
오전 〔午前〕午前	**오후** 〔午後〕午後

A：**지금 몇 시 몇 분이에요?** 今、何時何分ですか。
B：**오후 한시 이십분이에요.** 午後1時20分です。

レベルアップコラム

›› 第25課 で学んだ○년 ○월 ○일(○年○月○日)、この課で学んだ△시 ○분(△時○分)という表現の○には漢数詞が、△には固有数詞が入るのでした。ところで、この○や△(数詞)と単位(名詞)の間は分かち書きをするのが原則ですが、しなくてもよいことになっています。本書でも紙面の関係上、分かち書きをしていないところがあります。

第27課

疑問詞 | ～も、～と

［助詞②］

覚えておくと便利な疑問詞をいくつか紹介したあと、新しい助詞を2つ学びましょう。

ここが要点 1

情報を得るために必要なことば、疑問詞を整理

会話でよく使われる疑問詞を紹介しましょう。

언제 いつ	누구 誰	어디 どこ
무엇/뭐 何		얼마 いくら

※「何」という意味の**뭐**は、話しことばでよく使われます。

생일이 언제예요? 誕生日は(←が)いつですか。
이분은 누구예요? (では)この方は誰(どなた)ですか。
여기가 어디예요? ここは(←が)どこですか。
이것이 무엇이에요? これは(←が)何ですか。
이것이 뭐예요? これは(←が)何ですか。〈話しことば〉
저기요. 이 우산 얼마예요? すみません。この傘、いくらですか。

左ページの例で、例えば「ここはどこですか」の「ここは」が**여기가**（直訳：ここが）と表現されていることに気がついたでしょうか。このような言い方は、日本語としてはやや不自然な印象を受けますが、韓国語としてはごく自然な表現になっています。

実は韓国語では、「いつ」、「誰」など疑問詞が入った疑問文で何かについて初めて尋ねるときには－**이/가**（～が）を用いるのが普通で、**－은/는（～は）を用いると、ほかの人やものと比較をしたり、強調をするニュアンス**を帯びるという特徴があるのです。例をみてみましょう。

A：**이것이 뭐예요?** これは（←が）何ですか。
〈初めて聞くとき：－**이/가**（～が）〉
B：**그것은 물이에요.** それは水です。

A：**그럼, 이것은 뭐예요?** じゃあ、これは何ですか。
〈2回目に聞くとき：－**은/는**（～は）〉
B：**그것은 술이에요.** それは酒です。

マスターのコツ

「誰が」にあたる表現は、**누구가**となりそうですが、実際には**누가**となるので注意しましょう。

누가 용준 씨예요? 誰がヨンジュンさんですか。

ここが要点 2

助詞「〜も」、「〜と」は1種類だけ

››第22課 で助詞「〜は」、「〜が」にあたる助詞を学びました。この課では、「〜も」、「〜と」にあたる助詞を紹介しましょう。

	〜も	〜と
子音終わり体言	-도	-하고
母音終わり体言	-도	-하고

「〜は」、「〜が」にあたる助詞は、前にくる体言(名詞類)が子音終わりか、母音終わりかによって異なる形がつくのでした。しかし、この課で学ぶ「〜も」、「〜と」にあたる助詞は、1種類しかありません。このように**韓国語の助詞は1種類しかないもの、2種類あるものの2パターン**があることを知っておきましょう。いくつか例をあげます。

교과서〔教科書〕教科書	교과서도 教科書も
	교과서하고 책 教科書と本
책〔冊〕本	책도 本も
	책하고 교과서 [채카고 교과서] 本と教科書

一番下の例、**책하고**[채카고]では激音化(››第15課)が起こっていることがわかります。このように-**하고**(〜と)がつくときには、前にくる体言によって音変化が起こることがあります。

밥하고 [바파고] ご飯と〈激音化〉
가족하고 [가조카고] 家族と〈激音化〉

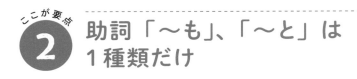

술하고 [수라고] 酒と〈ㅎの弱化〉
안경하고 [안경아고] めがねと〈ㅎの弱化〉

빅맥하고 불고기버거 하나 주세요.
아, 한라봉 칠러도 주세요.

ビッグマックとプルコギバーガー1つ下さい。あ、デコポンスムージーも下さい。
※**빅맥하고** [**빙매카고**]

レベルアップコラム

左ページで学んだように「〜と」にあたる助詞として、-**하고**がありますが、これは話しことばで多用されます。一方、書きことばでは、-**과 / 와**が用いられます。表にまとめると、次のようになります。

〜と	話しことば的	書きことば的
子音終わり体言	-**하고**	-**과**
母音終わり体言		-**와**

책하고 교과서 本と教科書〈話しことば的〉
책과 교과서 本と教科書〈書きことば的〉

교과서하고 책 教科書と本〈話しことば的〉
교과서와 책 教科書と本〈書きことば的〉

›› 第22課 で学んだ助詞 -**이 / 가**(〜が)、-**은 / 는**(〜は)では、子音終わりの体言につくとき**ㅇ**(ゼロ子音字)から始まる助詞を用いました(その結果、**책은**[**채근**]、**책이**[**채기**]のように終声の初声化(+有声音化)が起こるのでした)。

一方で -**과 / 와**においては、**母音終わりの体言につくときにㅇ**(ゼロ子音字)**から始まる助詞** -**와**を用いるため、初声化が起こらないことに注意しましょう。

第28課

n挿入｜～(のこと)です(か)

［丁寧化のマーカー］

この課ではn挿入とよばれる発音規則と、日常会話で頻出の丁寧化のマーカーについて学びます。

ここが要点

1 滑らかに発音するためにnをプラス

韓国語では、

일본 + 요리 ➡ 일본 요리
日本　料理　［일본뇨리］
日本料理

のように、2つの単語を1語として続けて言う場合、発音しやすくするために、後の単語の発音が変わることがあります。具体的には、

① 前の語が子音で終わり（終声字があり）、
② 後の語が이や야、유、예、얘、요、여（ヤ行母音）で始まる場合に、

後の語の最初の音にn＝ㄴが挿入されます。このような現象を**n挿入**といいます。例をみてみましょう。

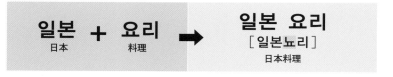

강남역	두통약
[강남녁]	[두통냑]
〔江南駅〕江南駅	〔頭痛薬〕頭痛薬

上の例では、前の語＝**강남**（江南）、**두통**（頭痛）はそれぞれ子音で終わっているため、①の条件はクリアしていることがわかります。また後に続く語も**역**（駅）、**약**（薬）とそれぞれヤ行音になっているため、②の条件もクリアしています。

このようなとき、[**녁**]、[**냑**]のようにそれぞれ**後の音の最初にｎ＝ㄴを挿入**することで、発音をスムーズにしているのです。ほかの例もみてみましょう。

무슨 일	발음 연습
[무슨닐]	[바름년습]
どんな仕事	〔発音 練習〕発音練習

なお、次のような場合は、**ｎ挿入が起こったあとに流音化や鼻音化**が起こります。このような例は初めのうちは難しいので、「こういう変化もあるのだ」程度に知っておいて、少しずつ慣れていくようにしましょう。

서울역

[**서울녁**（ｎ挿入）➡ **서울력**（流音化）]

〔－駅〕ソウル駅

한국 요리

[**한국뇨리**（ｎ挿入）➡ **한궁뇨리**（鼻音化）]

〔韓国料理〕韓国料理

レベルアップコラム

>>第19課 で漢数詞16 **십육**の発音が[**심뉵**]になることを学びました。実はこれは、[**십뉵**]（n挿入）➡[**심뉵**]（鼻音化）という変化を経たものだったのです。

ここが要点 2 聞き返すときは、「-(이)요?」で簡単に

相手の言ったことがよく聞き取れなかったり、確認したいときに聞き返すことがありますよね。例えば、「明日、時間ありますか?」と言われたときに「明日ですか?」と返したり、「田中さんも大学生です」と言われたときに「田中さんもですか?」と聞き返すような場合です。このように単純に聞き返す場合、韓国語では、次のようにいいます。

내일 시간 있어요? 明日、時間ありますか。
-내일이요? 明日ですか。

다나카 씨도 대학생이에요. 田中さんも大学生です。
-다나카 씨도요? 田中さんもですか。

「～(のこと)ですか」と聞き返す際に >>第21課 で学んだ**-이에요?/예요?**(～ですか)を使っていないことに注意しましょう。実は、韓国語では前の文を受けて単純に聞き返す場合には、聞き返したいことば ＋ -(이)요?を用います。この-(**이**)**요?**は丁寧化のマーカーとよばれ、日常生活で非常によく使われる表現です。

	～（のこと）ですか［丁寧化のマーカー］
子音終わり体言	聞き返したいことば　＋　－**이요？**
母音終わり体言	聞き返したいことば　＋　－**요？**

丁寧化のマーカーが便利なのは、**내일**（明日）のような体言（名詞類）だけでなく、**다나카 씨도**（田中さんも）のような「体言＋助詞」にもつくことができるという点です（つまり、日本語の聞き返しの「～ですか」と同じ感覚ですね）。

また、前の文のうち、－은/는（～は）という部分を取り出して聞き返すときには、助詞を－**이/가**（～が）にして、－이요？/가요？（～がですか）で返します。これも日本語と同じ発想でよいですね。

A：**그 사람은 요시다 씨 남자친구예요.**
（例の）あの人は吉田さんの彼氏です。

B：**그 사람이요?** （例の）あの人がですか。

ところで、丁寧化のマーカーは、聞き返すとき以外にも丁寧さを加えたいときには文中、文末を問わず、いつでも使用が可能です。このような用法の場合には、単に丁寧さを加えていると考えればよいでしょう（日本語では「～です」、「～ですね」などと訳せばOKです）。

자, 여기 선물이요. はい、これ（←ここ）、プレゼントです。
제가요, 어제요…. わたくしがですね、昨日ですね…。
아, 이것도요. あ、これもです。
여기요. どうぞ（←ここです）。　※何かを差し出しながら。

今週のチャレンジ❼

第25～28課

第25課の問題

韓国語で質問に答えてみましょう（徐々に長く言う練習です）。

>> ここが要点❶

質問 **몇 월 며칠이에요?** 何月何日ですか。

例 4月9日

사월 → 사월 구일 → 사월 구일이에요.

4月　4月9日　4月9日です。

やってみよう

❶ 5月20日

오월 → 오월 이십일 → 오월 이십일이에요.

5月　5月20日　5月20日です。

❷ 7月13日

칠월 → 칠월 십삼일 → 칠월 십삼일이에요.

7月　7月13日　7月13日です。

❸ 9月25日

구월 → 구월 이십오일 → 구월 이십오일이에요.

9月　9月25日　9月25日です。

❹ 11月26日

십일월 → 십일월 이십육일 → 십일월 이십육일이에요.

11月　11月26日　11月26日です。

※이십육일［이심뉴길］

第26課の問題

1 韓国語に訳してみましょう（早く言ってみる練習です）。

>> ここが要点❶

例 1時：**한시**　28分：**이십팔분**

やってみよう

❶ 6時　❷ 9時　❸ 8時　❹ 11時
❺ 2時　❻ 7時　❼ 9分　❽ 37分
❾ 24分　❿ 41分　⓫ 52分　⓬ 16分

2 韓国語で質問に答えてみましょう（徐々に長く言う練習です）。

>> ここが要点❶

質問 **몇 시 몇 분이에요?** 何時何分ですか。

例 3時20分

세시 → 세시 이십분 → 세시 이십분이에요.
3時　3時20分　3時20分です。

やってみよう

❶ 5時7分
다섯시 → 다섯시 칠분 → 다섯시 칠분이에요.
5時　5時7分　5時7分です。

❷ 4時38分
네시 → 네시 삼십팔분 → 네시 삼십팔분이에요.
4時　4時38分　4時38分です。

❸ 12時15分
열두시 → 열두시 십오분 → 열두시 십오분이에요.
12時　12時15分　12時15分です。

❹ 9時53分
아홉시 → 아홉시 오십삼분 → 아홉시 오십삼분이에요.
9時　9時53分　9時53分です。

●解答

[第26課] **1** ❶여섯시 ❷아홉시 ❸여덟시[여덜씨] ❹열한시 ❺두시 ❻일곱시 ❼구분 ❽삼십칠분 ❾이십사분 ❿사십일분 ⓫오십이분 ⓬십육분[심뉵뿐]

第27課の問題

2つの文を作ってみましょう。 >>ここが要点❷

例 **불고기** プルコギ **냉면** 〔冷麵〕冷麺

① **저기요. 여기 불고기하고 냉면 주세요.**
すみません。ここ、プルコギと冷麺(を)ください。

② **저기요. 여기 냉면하고 불고기 주세요.**
すみません。ここ、冷麺とプルコギ(を)ください。

やってみよう

❶ **커피** 〔coffee〕コーヒー **홍차** 〔紅一〕紅茶
❷ **숟가락** スプーン **젓가락** 箸
❸ **삼계탕** 〔参鶏湯〕[삼게탕] サムゲタン
비빔밥 [비빔빱] ビビンバ

第28課の問題

1 発音してみましょう(いずれもn挿入が起こります)。 >>ここが要点❶

やってみよう

❶ **무슨 일** どんな仕事
❷ **담요** 毛布
❸ **그림엽서** 〔一葉書〕絵はがき
❹ **부산역** 〔釜山駅〕釜山駅
❺ **두통약** 〔頭痛薬〕頭痛薬
❻ **한방약** 〔韓方薬〕韓方薬
❼ **성신여대입구** 〔誠信女大入口〕誠信女子大入口(地下鉄の駅名)
❽ **공덕역** 〔孔徳駅〕孔徳駅
❾ **볼일** 用事
❿ **십육** 〔十六〕16〈漢数詞〉

※p.163に続く。

2 丁寧化のマーカーを使って、下線部を聞き返してみましょう。

>> ここが要点**2**

例1 **그 사람은 한국사람이에요.**

その（〈例の〉あの）人は韓国人です。

-한국사람이요? -韓国人ですか。

例2 **여기가 우리 회사예요.** ここがうちの会社です。

-여기가요? -ここがですか。

やってみよう

1 **한국은 처음이에요.** 韓国は初めてです。

2 **제 취미는 농구예요.**

わたくしの趣味はバスケットボールです。

3 **그분도 트와이스 팬이에요.**

あの方もTWICEのファンです。

4 **벌써 세시 이십분이에요.** もう3時20分です。

5 **하라 씨 남자친구예요.** 原さんの彼氏です。

● 解答

［第27課］ **1** ① 저기요. 여기 커피하고 홍차 주세요. ② 저기요. 여기 홍차하고 커피 주세요. **2** ① 저기요. 여기 숟가락하고 젓가락 주세요. ② 저기요. 여기 젓가락하고 숟가락 주세요. **3** ① 저기요. 여기 삼계탕하고 비빔밥 주세요. ② 저기요. 여기 비빔밥하고 삼계탕 주세요.

［第28課］ **1** **1**[무슨닐] **2**[담뇨] **3**[그림녑써] **4**[부산녁] **5**[두통냑] **6**[한방냑] **7**[성신녀대입꾸] **8**[공덕녁→공덩녁] **9**[볼닐→볼릴] **10**[십뉵→심뉵]
2 **1** 한국은 처음이에요. – 처음이요? **2** 제 취미는 농구예요. – 농구요? **3** 그분도 트와이스 팬이에요. – 그분도요? **4** 벌써 세시 이십분이에요. – 세시 이십분이요? **5** 하라 씨 남자친구예요. – 남자친구요?

テーマ別単語集

3 食べもの

비빔밥 [비빔빱] ビビンバ

국밥 クッパ

김밥 [김빱] のり巻き、キンパ

닭한마리 タッカンマリ

삼계탕〔参鶏湯〕 サムゲタン

삼겹살〔三ー〕 サムギョプサル

떡볶이 トッポギ

부침개 チヂミ

4 基本的な動詞

가다 行く	오다 来る	먹다 食べる	마시다 飲む
기다리다 待つ	앉다 [안따] 座る	만나다 会う	보다 見る
사다 買う	시키다 注文する	입다 着る	벗다 脱ぐ
알다 わかる、知る	웃다 笑う	주다 くれる、あげる	받다 もらう
보내다 送る	놀다 遊ぶ	읽다 読む	공부하다 〔工夫ー〕勉強する
일하다 働く	생각하다 考える	이야기하다 話す	자다 寝る

第3章

用言の活用と基本表現編

第29課 ▶ 第48課

ここから先は動詞、形容詞などの変化を学んでいきます。
でも変化のパターンは、
たった３通りなので、安心して下さい。
基本がわかれば、
例外が出てきても怖くないですよ。

第29課

韓国語イントロダクション③

用言の活用編　韓国語の文法、これがわかれば怖くない！

第29課からは用言の活用の学習に入ります。日常生活の様々な動作や人、ものごとについて言う練習をしながら、表現の幅を広げていきましょう。

ここが要点 1

韓国語の用言について知っておこう

第21課以降、主に「～です（か）」や「～ではありません（か）」といった体言につく表現を学んできました。ここで**体言**というのは、主に**名詞**や**代名詞**のことで、「これは韓国語の本です」「わたしではありません」という文の中の「これ」や「韓国語」、「本」、「わたし」のように**いつでも形が変わらないことば**のことです。一方で、この課からは使われる文によって**形が変わることば**、**用言**に関する学習が始まります。日本語で用言といえば、動詞、形容詞、形容動詞の3つの品詞を指しますが、韓国語における用言は、**動詞、形容詞、存在詞、指定詞の4つの品詞**を指します。具体例をみてみましょう。

韓国語の用言：4品詞

- 動詞　… **가다**（行く）、**먹다**（食べる）、**읽다**（読む）など
- 形容詞 … **비싸다**（高い）、**작다**（小さい）、**많다**（多い）など
- 存在詞 … **있다**（ある／いる）、**없다**（ない／いない）など
- 指定詞 … **-이다**（～だ、～である）、**아니다**（～ではない）の２語のみ

動詞や形容詞は日本語にもあるので、イメージしやすいと思いますが、存在詞、指定詞というのは、聞き慣れないですね。**存在詞は「ある／なし」**を表すことば、**指定詞は「体言＋だ／ではない」**を表すことばだと考えればOKです。なぜこのような区別が存在するのかは特に中級以降の学習で重要になってくるのですが、今のところはそういう品詞があるということだけ理解しておいて下さい。

さて、韓国語の用言には、4つの品詞があることがわかりましたが、実は左ページにあげた各用言は、全て**辞書に登録されている形**で示してあります。この形を**基本形**というのですが、実はこれらには**ある共通点**が隠されています。それは一体何だかわかるでしょうか。──そうです、左ページの例をよく見ると**韓国語の用言の基本形は、全て最後が「-다」で終わっている**ことに気がつきますね。これは日本語の用言の基本形が、動詞なら行く（ik**u**）、食べる（taber**u**）のようにウ（u）段で、形容詞・形容動詞なら大きい（ooki**i**）、元気だ（genki**da**）のように -イ（i）や -ダ（da）で終わるということ、つまり品詞ごとに基本形がバラバラであることとは対照的です。

ところで、日本語の「**行く**」という動詞が、基本形（終止形）そのものとして使われることはむしろ少なくて、「**行か**ない」、「**行き**ます」、「**行こ**う」など様々に形を変えて使われることは皆さんご存じのとおりです。このように**用言の基本形が文脈に応じて、様々な形に姿を変える**ことを**活用**といいます。例えば、日本語の「食べます」の場合をみてみましょう。

食べ-	＋	-ます
用言：動詞		語尾：丁寧な文末表現
［基本形（終止形）：食べる］		

これをみると、「食べます」は、「食べる」という意味を持つ部分である「食べ」に丁寧な文末表現である「～ます」がついてできていますね。

ここで「〜ます」のように用言（ここでは動詞）の後について様々な意味を表す部分を語尾といいます。例えば、「読みません」の場合であれば、「読み」が用言（動詞）、「ません」が語尾（丁寧な文末表現〈否定〉）というわけです。以上は日本語の例でしたが、実は韓国語でも日本語と同じ要領で活用が起こります。今度は韓国語の「食べます」をみてみましょう。

먹어-	＋	-요
用言：動詞（食べる） ［基本形：먹다］		語尾：丁寧な文末表現（〜ます）

ここで**먹어**-は「食べる」という意味を表す部分、-**요**は丁寧な文末表現を作る語尾（〜ます）です。日本語の「食べ＋ます」と同じ構造になっていることがわかりますね。

ここが要点 2 用言は語尾に応じて、3つの形に姿を変える

韓国語の用言の活用についてもう少し詳しくみていきましょう。上で韓国語の用言は、用言＋語尾という構造により様々な表現を作ることを学びましたが、このとき、用言は後につく語尾によって、3通りに姿を変えます。このように姿を変えた用言の3つのバリエーションを本書では、それぞれ

活用形Ⅰ、活用形Ⅱ、活用形Ⅲ

とよぶことにしましょう。例えば、**먹다**（食べる：基本形）を例にとると、次のようになります。

● 먹다（食べる）の３つの活用形

먹-	活用形Ⅰ ＋（活用形Ⅰに結びつく）語尾類
먹으-	活用形Ⅱ ＋（活用形Ⅱに結びつく）語尾類
먹어-	活用形Ⅲ ＋（活用形Ⅲに結びつく）語尾類

つまり、先ほどみた**먹어요**（食べます）という例の**먹어**-は、活用形Ⅲだったわけです。

먹어-	＋	**-요**
用言：動詞 먹다（食べる）の活用形Ⅲ		語尾：丁寧な文末表現（〜ます）

活用形は３種類しかないうえ、全ての語尾類は、用言のどの活用形に結びつくかがあらかじめ決まっています（上の例の場合、語尾-**요**〈〜ます〉の前には活用形Ⅲがくると決まっているため、**먹다**〈食べる〉は**먹어**-〈活用形Ⅲ〉という形に姿を変えているのです）。つまり、これからの学習においては、（1）3つの活用形がどのように作られるか、（2）どの語尾類がどの活用形に結びつくかに習熟することがポイントになります。本書では第30課以降、これらについて段階的に学んでいきますので、少しずつ慣れていきましょう。

※以降、本書では活用形ⅠをⅠ、活用形ⅡをⅡ、活用形ⅢをⅢのように示すことがあります（Ⅰは ›› 第41課 で、Ⅱは ›› 第37課 で、Ⅲは ›› 第30、31、33課 で学びます）。

第30課

～です(か)、～ます(か)①

［해요体①］

›› 第 30、31、33 課 では、日常会話で最もよく使われる表現「～です（か）、～ます（か）」（**해요体**）を学びましょう。

ここが要点

1 活用形Ⅲの作り方をマスターしよう

「～です（か）、～ます（か）」という表現の作り方の基本を学びます。この表現は活用形Ⅲに-**요**をつけることで作ることができ、その形は一般に**해요体**とよばれます。ここでは、まずこの表現を作るために必要となる活用形Ⅲの作り方を学びましょう。

活用形Ⅲの作り方①

例 **찾다**（探す）、**멋있다**（素敵だ）

❶ 基本形（○○다）を用意する。（例）**찾다**、**멋있다**

❷ 基本形から-다をとる。（例）**찾**-、**멋있**-

❸ ❷で得た形の**最後の文字**をみて、その母音が

- ㅏ、ㅗ の場合は、-아-をつける。（例）**찾**아-
- ㅏ、ㅗ以外 の場合は、-어-をつける。（例）**멋있**어-

ほかにもいくつか例をみてみましょう。

❶ 基本形	❷ -다をとった形	❸ -아-、-어-をつけた形（活用形Ⅲ）
닫다 閉める	닫-	닫아- ［다다］
괜찮다 大丈夫だ	괜찮-	괜찮아- ［괜차나］
열다 開ける	열-	열어- ［여러］
웃다 笑う	웃-	웃어- ［우서］

※ ❷ でオレンジ色になっている部分は、❸ で-아-、-어-をつけるときに注目する母音です。また、❸の下段の［　］は発音を表したものです。

ここが要点 2 「～です（か）、～ます（か）」（해요体）は、Ⅲ-요で作ろう

上で学んだ活用形Ⅲに-요をつけると、「～です（か）、～ます（か）」（**해요体**）という表現になります。このことをこれから本書では、Ⅲ-요のように表すことにします。例えば、前のページでみた例であれば、

「探します」は **찾아요**（**찾다**のⅢ-요）、
「素敵です」は **멋있어요**（**멋있다**のⅢ-요）となります。

ほかの例もみてみましょう。

基本形	活用形Ⅲ	Ⅲ −요：해요体 （〜です、〜ます）
닫다 閉める	닫아−	닫아요. 閉めます
괜찮다 大丈夫だ	괜찮아−	괜찮아요. 大丈夫です
열다 開ける	열어−	열어요. 開けます
웃다 笑う	웃어−	웃어요. 笑います

※ **해요体**の最後の−**요**は、本来唇を丸く突き出して発音する[jo ヨ]ですが、実際にはそこまで唇を突き出さずに発音するのが普通です。

ところで、この**해요体**は平叙形、疑問形、勧誘形、命令形が同形になり、発音上はイントネーション、表記上は「.」（ピリオド）か「？」（クエスチョンマーク）により区別されます。例えば、**닫다**（閉める）、**열다**（開ける）の場合は次のようになります。

	平叙形	疑問形	勧誘形	命令形
닫다 閉める	닫아요. 閉めます	닫아요? 閉めますか？	닫아요. 閉めましょう	닫아요. 閉めて下さい
열다 開ける	열어요. 開けます	열어요? 開けますか？	열어요. 開けましょう	열어요. 開けて下さい

勧誘形、命令形のイントネーションは少し独特なので、音声をよく聞いて練習してみましょう。

本書で紹介する >> 丸覚えフレーズ にも**해요体**がたくさん使われています。基本形は何だかわかりますか。

맞아요. そのとおりです。>> 丸覚えフレーズ⑮ (p.188)
좋아요. いいです。>> 丸覚えフレーズ⑱ (p.230)
정말 맛있어요. 本当においしいです(よ)。>> 丸覚えフレーズ㉑ (p.231)

答えは、それぞれ**맞다**(合っている)、**좋다**(いい、よい)、**맛있다**(おいしい)です。このように表現をみたときに基本形が何かがわかると、意味を調べるときにも楽ですね。

マスターのコツ

間違えやすい動詞に**놓다**(置く)と**넣다**(入れる)があります。これらは基本形の場合、発音を聞いただけでは区別がつかないことがあるかもしれません。ただし、**해요**体にすると、**놓다**(置く)は**놓아요**(置きます)、**넣다**(入れる)は**넣어요**(入れます)になるため、両者の違いは一目瞭然です。

レベルアップコラム

この課で学んだ日本語の「～です、～ます体」にあたるⅢ-**요**(**해요体**)は、用言であれば動詞であれ、形容詞であれ、全てに用いることができます。これは日本語では例えば、動詞には「～ます」(例:行きます、食べます)、形容詞、形容動詞には「～です」(例:大きいです、元気です)と異なる語尾がつくこととは対照的です。どのような用言でも全て同じ形で作れるので、便利な表現ですね。

ところで、本書ではなるべく難しい文法用語は使わないようにしていますが、教科書によっては、基本形から-**다**をとった形のことを「語幹」、語幹の最後が**ㅏ**、**ㅗ**で終わるものを「陽母音語幹」、**ㅏ**、**ㅗ**以外で終わるものを「陰母音語幹」とよんでいることがあります。

第31課

～です(か)、～ます(か)②

［해요体②］

引き続き、**해요体**の学習を続けましょう。

ここが要点 1

オ、ウ、イ、ウェのときは Ⅲが短くなる

›› 第30課 では、活用形Ⅲの作り方の基本を学びました。›› 第31課 と ›› 第33課 では、活用形Ⅲを作るときのいくつかの注意点を学んでいきましょう。今回学ぶのは、-다の前の母音が ㅗ、ㅜ、ㅣ、ㅚである用言です。これらの用言も活用形Ⅲを作る際に❶基本形を用意し、❷そこから-다をとること、そして❸その**最後の母音**がㅏ、ㅗであれば-아-をつけ、ㅏ、ㅗ以外であれば-어-をつけるということは ›› 第30課 で学んだ原則どおりです。

ただし、ここで学ぶ用言では、さらに❹用言と-아/어-の間で融合が起こるという点が特別です。ルールをみてみましょう。

活用形Ⅲの作り方②

例 **보다**（見る）、**배우다**（習う）、**마시다**（飲む）、**되다**（なる）

❶ 基本形（○○다）を用意する　（例）**보다**、**배우다**、**마시다**、**되다**

❷ 基本形から－다をとる。　（例）**보**－、**배우**－、**마시**－、**되**－

❸ ❷で得た形の**最後の文字**をみて、その母音が

- ㅏ、ㅗ　の場合は、－아－をつける。（例）**보**아－
- ㅏ、ㅗ以外の場合は、－어－をつける。（例）**배우**어－、**마시**어－、**되**어－

❹ ❸の形を以下のように**融合させる**。

- ～ㅗ아 ➡ ㅘ　（例）봐－　　～ㅜ어 ➡ ㅝ　（例）**배**워－
- ～ㅣ어 ➡ ㅕ　（例）**마**셔－　　～ㅚ어 ➡ ㅙ　（例）돼－

これを覚えるときのポイントは、速く言ってみることです。例えば、**보다**（見る）の活用形Ⅲを »第30課 で学んだとおり作ると、**보아**－になりますが、これを「**보아**－、**보아**－、**보아**－…」と速く言ってみましょう。そうすると、**봐**－という形になることが音からイメージできますね（**배우어**－、**배우어**－、**배우어**－…→**배워**－、**마시어**－、**마시어**－、**마시어**－…→**마셔**－の場合も同様です）。

ただし、**되다**（なる）の場合だけは注意が必要です。これは「**되어**－、**되어**－、**되어**－…」といくら速くいっても**돼**－になることはイメージしにくいでしょう。実は、～ ㅚ어 ➡ ㅙというパターンは**되다**（なる）という形のときだけなので、このまま覚えてしまってもいいのですが、覚えにくければ、表記で覚えると効果的です。

되어－ ➡ **되ㅓ**－ ➡ 돼－

（ゼロ子音字をとる）　（1文字に融合させる）

ほかの例もみてみましょう（❸を速く言うと、❹の形になることをよく確認して下さい）。

❶基本形	❷ -다をとった形	❸ -아-、-어-をつけた形	❹融合させた形（＝活用形Ⅲ）
오다 来る	**오-**	**오아-**	**와-**
바꾸다 替える	**바꾸-**	**바꾸어-**	**바꿔-**
지다 負ける	**지-**	**지어-**	**져-**

ところで、1つ注意したいのは、ここで「-**다**の前の母音が **ㅗ**、**ㅜ**、**ㅣ** である用言」というのは、-**다**の前に終声字がない用言に限るということです。つまり、基本形が **ㅗ다**、**ㅜ다**、**ㅣ다**という形で終わる用言のみに適用されるルールだということになります。

-**다**の前の母音が **ㅗ**、**ㅜ**、**ㅣ** であったとしても**웃다**（笑う）、**짖다**（吠える）のように-**다**の前に終声字がある用言の活用形Ⅲは、»第30課 で学んだように-**다**の前の母音に合わせて-**아**-か-**어**-をつけるだけで**融合は起こりません**。比べてみてみましょう。

❶基本形	❷ -다をとった形	❸ -아-、-어-をつけた形	活用形Ⅲ
배우다 習う（-**다**の前：終声字なし）	**배우-**	**배우어-**	**배워-** ［融合あり］
웃다 笑う（-**다**の前：終声字あり）	**웃-**	**웃어-**	**웃어-** ［融合なし］
지다 負ける（-**다**の前：終声字なし）	**지-**	**지어-**	**져-** ［融合あり］
짖다 吠える（-**다**の前：終声字あり）	**짖-**	**짖어-**	**짖어-** ［融合なし］

さあ、これでこの課で学ぶちょっと特別な活用形Ⅲの作り方の練習が終わりました。これらに-요をつければ、「～です（か）、～ます（か）」（**해요体**）という意味になるのは »第30課 で学んだとおりです。

基本形	活用形Ⅲ	Ⅲ-요：해요体（～です〈か〉、～ます〈か〉）	
보다 見る	봐-	**봐요.** 見ます	**봐요?** 見ますか
배우다 習う	**배워-**	**배워요.** 習います	**배워요?** 習いますか
마시다 飲む	**마셔-**	**마셔요.** 飲みます	**마셔요?** 飲みますか
되다 なる	돼-	**돼요.** なります	**돼요?** なりますか

レベルアップコラム

-**다**の前の母音が ᅱ や ᅴ の場合は、活用形Ⅲを作る-어-との間で融合が起こらないので注意しましょう。

● ～ᅱ（다）+-어-

바뀌다 変わる	**바뀌- + -어-**	Ⅲ **바뀌어-** ［融合なし］

● ～ᅴ（다）+-어-

희다 白い	**희- + -어-**	Ⅲ **희어-** ［融合なし］

第32課

～で①、～を、～に

［助詞③］

해요体の学習をちょっと一休みして、新しい助詞を3つ学びましょう。

ここが要点 1

「～を」は2つの形を使い分けよう

ここでは「～で」、「～を」にあたる助詞を紹介します。

	～〈場所〉で	～を
子音終わり体言	-에서	-을
母音終わり体言		-를

まず「～で」にあたる助詞ですが、ここで学ぶのは「ソウルで/学校で」のように前に場所を表すことばがくる場合の用法です。この助詞は、前にくる体言が子音終わりか、母音終わりかにかかわらず、-에서1種類しかありません。また、「～を」にあたる助詞は前の体言が**子音終わりの場合**は-을、**母音終わりの場合**は-를というように使い分けます。例をみてみましょう。

● 子音終わり体言の場合

서울 ソウル	서울에서 ソウル で	서울을 ソウル を
집 家	집에서 家 で	집을 家 を

● 母音終わり体言の場合

학교 〔学校〕学校	학교에서 学校 で	학교를 学校 を
가게 店	가게에서 店 で	가게를 店 を

식당에서 점심을 먹어요. ［먹다（食べる）］

食堂で昼ご飯を食べます。

학교에서 한국어를 배워요. ［배우다（習う）］

学校で韓国語を習います。

ここが要点 2 「～に」は人や動物が前にきたときは要注意

次に「～に」にあたる助詞をみてみましょう。「～に」にあたる助詞は前にくることばによって使い分けがあります。「7月に/3時に」のようにときを表す場合、あるいは「病院に/京都に」のように場所を表す場合には－**에**を、「友達に/猫に」のように（対象となる）人や動物を表す場合には－**에게**を使います。

	~〈とき・場所〉に	~〈人・動物〉に
子音終わり体言	-에	-에게
母音終わり体言		

表をみてわかるようにこれらの助詞は、前にくる体言が子音終わりか、母音終わりかにかかわらず、1種類しかありません。それぞれの例をみてみましょう。

● 〈とき〉+ 에

칠월 〔七月〕七月	칠월에 七月 に
세시 이십분 〔一時二十分〕3時20分	세시 이십분에 3時 20分 に

● 〈場所〉+ 에

병원 〔病院〕病院	병원에 病院 に
교토 〔京都〕京都	교토에 京都 に

● 〈人・動物〉+ 에게

친구 〔親旧〕友達	친구에게 友達 に
고양이 猫	고양이에게 猫 に

열 시에 문을 열어요. [**열다**(開ける)]
10時に開店します(←ドアを開けます)。

친구는 카페에 있어요. [**있다**(いる)] 友達はカフェにいます。

박 선생님에게 배워요. [**배우다**(習う)] 朴先生に習います。

저에게도 하나 주세요. [**주다**(くれる)] わたくしにも1つください。

一番下の例では-**에게도**という形が使われていますが、これは-**에게**(〜〈人・動物〉に)+**도**(〜も)がついた形で、「〜にも」という意味になります。

レベルアップコラム

「〜〈とき〉に」にあたる-**에**は、日本語では「〜に」が必ずしも現れないときに使われることもあります。例えば、次のようなことばが前にきたときです。

○요일 〔-曜日〕○曜日	**주말** 〔週末〕週末	**아침** 朝	**낮** 昼
저녁 夕方	**밤** 夜	**오전** 〔午前〕午前	**오후** 〔午後〕午後

다음 주 수요일에 시간이 있어요? [**있다**(ある)]
来週の水曜日(に)時間がありますか。 ※**다음 주** [**다음쭈**]

아침에 사과를 먹어요. [**먹다**(食べる)]
朝(に)りんごを食べます。

また、「〜〈人・動物〉に」には-**에게**のほかにも-**한테**という形もあります。-**에게**は書きことば、話しことば両方で使われ、-**한테**は主に話しことばで使われます。

2か月目の学習が終わりました。›› 今週のチャレンジ❽ に続いて、›› 今月の復習❷ を用意しましたので、復習に役立てて下さい。

今週のチャレンジ❽

第30～32課

※第29課の問題はありません。

第30課の問題

1 活用形Ⅲを作ってみましょう。 >>ここが要点❶

例 **찾다** 探す ➡ **찾아－**　**웃다** 笑う ➡ **웃어－**

やってみよう

❶ **작다** 小さい　❷ **늦다** 遅い、遅れる
❸ **놀다** 遊ぶ　❹ **먹다** 食べる
❺ **받다** もらう　❻ **길다** 長い
❼ **놓다** 置く　❽ **넓다**［널따］広い

2 1の用言を**해요体**にして、会話を組み立ててみましょう。 >>ここが要点❷

例1 **찾다** 探す

A：**찾아요?** 探しますか。
B：**네. 찾아요.** はい。探します。

例2 **웃다** 笑う

A：**웃어요?** 笑いますか。
B：**네. 웃어요.** はい。笑います。

第31課の問題

1 活用形Ⅲを作ってみましょう。

>> ここが要点❶

例 **보다** 見る ➡ **봐－**　**배우다** 習う ➡ **배워－**

やってみよう

❶ **오다** 来る　❷ **다니다** 通う
❸ **외우다** 覚える　❹ **놀다** 遊ぶ
❺ **지다** 負ける　❻ **바꾸다** 替える
❼ **되다** なる　❽ **마시다** 飲む

2 1 の用言を**해요体**にして、会話を組み立ててみましょう。

>> ここが要点❶

例1 **보다** 見る

A：**봐요？** 見ますか。
B：**네. 봐요.** はい。見ます。

例2 **배우다** 習う

A：**배워요？** 習いますか。
B：**네. 배워요.** はい。習います。

●解答

［第30課］ 1 ❶작아－ ❷늦어－ ❸놀아－ ❹먹어－ ❺받아－ ❻길어－ ❼놓아－ ❽넓어［널버］－ 2 ❶A：작아요？ B：네. 작아요. ❷A：늦어요？ B：네. 늦어요. ❸A：놀아요？ B：네. 놀아요. ❹A：먹어요？ B：네. 먹어요. ❺A：받아요？ B：네. 받아요. ❻A：길어요？ B：네. 길어요. ❼A：놓아요？ B：네. 놓아요. ❽A：넓어요？ B：네. 넓어요［널버요］

［第31課］ 1 ❶와－ ❷다녀－ ❸외워－ ❹놀아－［融合なし］ ❺져－ ❻바꿔－ ❼돼－ ❽마셔－ 2 ❶A：와요？ B：네. 와요. ❷A：다녀요？ B：네. 다녀요. ❸A：외워요？ B：네. 외워요. ❹A：놀아요？ B：네. 놀아요.［Ⅲで融合なし］ ❺A：져요？ B：네. 져요. ❻A：바꿔요？ B：네. 바꿔요. ❼A：돼요？ B：네. 돼요. ❽A：마셔요？ B：네. 마셔요.

第32課の問題

正しい助詞を選んで文を完成させましょう。 >> ここが要点❶❷

例 **연세대학교(에서·에) 한국어를 배워요.**

延世大学で韓国語を習います(習っています)。

やってみよう

❶ **스타벅스(에·에서) 바닐라라떼(을·를) 마셔요.**

スターバックスでバニララテを飲みます。

❷ **저도 삼겹살하고 비빔냉면(을·를) 먹어요.**

わたくしもサムギョプサルとビビン冷麺を食べます。

❸ **제 아이패드는 여기(에·에서) 있어요.**

わたくしのiPadは、ここにあります。

❹ **아침(에·에게) 친구(에·에게) 콘서트 티켓을 받아요.**

朝(に)友達にコンサートのチケットをもらいます。

❺ **저기요. 여기 젓가락(을·를) 주세요. 아, 숟가락(를·도) 주세요.**

すみません。ここ、はしをください。あ、スプーンもください。

❻ **극장(에·에서) 영화(을·를) 봐요.**

映画館で映画を見ます。

●解答

[第32課] ❶에서、를 ❷을 ❸에 ❹에、에게 ❺을、도 ❻에서、를

今月の復習❷

WEEK6（第21～24課）

※WEEK5（第17～20課）の問題はありません。 解答例➡ p.285

1 会話を組み立ててみましょう。

例 **야마다 미카** 山田美佳

A：**안녕하세요? 저는 야마다 미카예요.**
こんにちは。わたくしは山田美佳です。

B：**반갑습니다. 야마다 씨. 저는 김지민이에요.**
お会いできてうれしいです。山田さん。わたくしは、キム・ジミンです。

※韓国人の名前の場合、Bはフルネームで返してみましょう（「～さん」の使い方は、›› 第36課 の ›› マスターのコツ も参考にして下さい）。

やってみよう

❶ **스즈키 모에** 鈴木萌 ❷ **다카다 아오이** 高田葵
❸ **오타 켄** 太田健 ❹ **박다현** パク・ダヒョン
❺ **이정국** イ・ジョングク ❻ 自分の名前

2 会話を組み立ててみましょう（子音終わり体言か、母音終わり体言かによって後に続く表現や助詞が変わることに注意しましょう）。

例 **연필** 〔鉛筆〕鉛筆

A：**이것이 지수 씨 연필이에요?** これがジスさんの鉛筆ですか。

B：**아뇨. 그것은 제 연필이 아니에요.**
いいえ。それはわたくしの鉛筆ではありません。

やってみよう

❶ **볼펜** 〔ball pen〕ボールペン ❷ **충전기** 〔充電器〕充電器
❸ **교복** 〔校服〕（学校の）制服 ❹ **가방** かばん
❺ **담배** たばこ ❻ **티머니** 〔T-money〕交通カード

WEEK7（第25～28課）

解答例➡ p.285

1 会話を組み立ててみましょう。

例 **여기** ここ【**어디** どこ】－**학교**〔学校〕学校

A：**여기가 어디예요?** ここは（←が）どこですか。

B：**학교예요.** 学校です。

やってみよう

❶ **이 사람** この人【**누구** 誰】－**개그맨**〔gagman〕お笑い芸人

❷ **저것** あれ【**뭐** 何】－**사탕**〔砂糖〕キャンディー

❸ **화장실**〔化粧室〕トイレ【**어디** どこ】－**저기** あそこ

❹ **거기** そこ【**어디** どこ】－**공원**〔公園〕公園

❺ **생일**〔生日〕誕生日【**언제** いつ】－**모레** あさって

---

2 丁寧化のマーカーを使って、下線部を聞き返してみましょう。

例 **지금 다섯시 오분이에요.** 今、5時5分です。

－아. 다섯시 오분이요? －あ。5時5分ですか。

やってみよう

❶ **생일은 유월 팔일이에요.** 誕生日は6月8日です。

❷ **오늘은 목요일이에요.** 今日は木曜日です。

❸ **지금 열두시예요.** 今、12時です。

❹ **벌써 두시 오십분이에요.** もう2時50分です。

❺ **회의는 다음 주예요.** 会議は来週です。

※다음 주［다음쭈］

WEEK8 (第29～32課)

解答例➡ p.286

1 会話を組み立ててみましょう。

例 **아침을 먹다** 朝ご飯を食べる【**식당**〔食堂〕食堂】

A：어디에서 아침을 먹어요? どこで朝ご飯を食べますか。
B：식당에서 먹어요. 食堂で食べます。

やってみよう

1. **돈을 받다** お金をもらう【**사무실**〔事務室〕事務室】
2. **차를 씻다**〔車－〕車を洗う【**주차장**〔駐車場〕駐車場】
3. **동생을 기다리다**〔同生－〕弟/妹を待つ【**여기**ここ】
4. **드라마를 보다**〔drama－〕ドラマを見る【**집** 家】
5. **민규 씨에게 선물을 주다**〔－膳物－〕
ミンギュさんにプレゼントをあげる【**술집**［술찝］居酒屋】

2 韓国語に訳してみましょう。

例 スープ(**국**)に塩(**소금**)を入れますか。［**넣다**］
국에 소금을 넣어요?

やってみよう

1. この魚(**생선**)が一番(**제일**)おいしいです。［**맛있다**］
2. その人(**사람**)もここに来ますか。［**오다**］
3. 毎日(**매일**)、韓国語の単語(**단어**)をいくつ(**몇 개**)覚えますか。［**외우다**］
4. どこでマッコリ(**막걸리**)を飲みますか。［**마시다**］
5. 新村(**신촌**)で一緒に(**같이**)ジャージャー麺(**짜장면**)を食べましょう。［**먹다**］

\ 使える！ /

丸覚えフレーズ⑭～⑰

⑭ 다시 말씀해 주시겠어요?

もう一度言っていただけませんか。

相手の言ったことがよく聞き取れなかったときは、このフレーズが便利です。文法は気にせず、丸ごと覚えてしまいましょう。「ゆっくり言っていただけませんか」は、**천천히 말씀해 주시겠어요**?といいます。

⑮ 맞아요.

そのとおりです。（←合っています）

맞다（合っている）の**해요**体で、相手の言っていることを正しいと認めるときに使う表現です。「そうです」と相づちのように使うこともあります。文末を上げ調子にして、**맞아요**?（↗）と言えば、「合っていますか」と尋ねる表現になります。ここでリアクションの表現をいくつか紹介しましょう。

정말요?［**정말료**］/ **진짜요?** 本当ですか。
그래요. そうです。
그래요? そうですか。
그럼요.［**그럼뇨**］もちろんです。
그러게요. 本当にそうですね。
그러니까요. そうなんですよ。そのとおりなんですよ。
알겠습니다. わかりました。
모르겠습니다. わかりません。知りません。
글쎄요. うーん、そうですねぇ…。

⑯ 선생님 덕분이에요.

先生のおかげです。

お世話になった人へのお礼の気持ちを込めていうひとことです。**선생님**〔先生−〕は先生、**덕분**〔徳分〕はおかげという意味です。韓国語では助詞「〜の」をあまり使わないので、○○ **덕분이에요.** で「○○(誰々)のおかげです」という意味を表すことができます。

사나 씨 덕분이에요. サナさんのおかげです。
과장님 덕분이에요. 課長(←課長様)のおかげです。

⑰ 화장실이 어디예요?

トイレは(←が)どこですか。

旅先などでとっさに使えるようにしておきたいフレーズです。**-이/가 어디예요?** で「〜はどこですか」という表現になります。»第27課 で学んだように疑問詞の疑問文では、初めて何かについて尋ねるときには、「**-이/가**」(〜が)を用いることに注意して練習しましょう。

편의점이 어디예요? コンビニは(←が)どこですか。
버스 정류장이 어디예요? バス停は(←が)どこですか。
※**정류장**[**정뉴장**](停留所)
계산대가 어디예요? レジは(←が)どこですか。
※**계산대**[**게산대(때)**](レジ)
화장품 가게가 어디예요? コスメショップは(←が)どこですか。
8번 출구가 어디예요? 8番出口は(←が)どこですか。
※韓国の地下鉄の出入口には、番号がふられており、○**번 출구**(○番出口)のように言う。

第33課

〜です(か)、〜ます(か)③

［해요体③］

››第30課、››第31課に引き続き、**해요体**の学習を続けましょう。

ここが要点 1 ア、オ、(2つの)エ、ヨのときはⅢが短くなる

活用形Ⅲの作り方の注意点を学んでいきましょう。今回学ぶのは、-다の前の母音がㅏ、ㅓ、ㅐ、ㅔ、ㅕである用言です。結論から言うと、非常に簡単で、基本形から-다をとった形がそのまま活用形Ⅲになります。例をみてみましょう。

活用形Ⅲの作り方③

例 **가다**（行く）、**보내다**（送る）、**켜다**（〈電気を〉つける）

❶ 基本形（○○다）を用意する。　（例）**가다、보내다、켜다**

❷ 基本形から-다をとった形がそのままⅢになる。

（例）**가-、보내-、켜-**

››第30課で学んだ活用形Ⅲの作り方のルールを適用すると、**가다**（行く）のⅢは**가아**-、**보내다**（送る）のⅢは**보내어**-などとなりそうですが、ここではそのような形になっていないことがわかります（でも、基本形から-**다**をとるだけなので、むしろ簡単ですね）。

ほかの例もみてみましょう。

자다 寝る	Ⅲ 자-	서다 立つ	Ⅲ 서-
지내다 過ごす	Ⅲ 지내-	세다 強い	Ⅲ 세-
펴다 開く	Ⅲ 펴-		

ところで、1つ注意したいのは、ここで「-다の前の母音がㅏ、ㅓ、ㅐ、ㅔ、ㅕである用言」というのは、-다の前に終声字がない用言に限るということです。つまり、基本形がㅏ다、ㅓ다、ㅐ다、ㅔ다、ㅕ다という形で終わる用言のみに適用されるルールだということです。

-다の前の母音がㅏ、ㅓ、ㅐ、ㅔ、ㅕであったとしても**작다**（小さい）、**섞다**（混ぜる）のように-다の前に終声字がある用言の活用形Ⅲは、››第30課で学んだように-다の前の母音に合わせて-아-か-어-をつけた形になります。比べてみましょう。

자다 寝る （-다の前：終声字なし）	Ⅲ 자- ［基本形から-다をとった形］
작다 小さい （-다の前：終声字あり）	Ⅲ 작아- ［-다の前の母音に合わせて-아-をつけた形］
서다 立つ （-다の前：終声字なし）	Ⅲ 서- ［基本形から-다をとった形］
섞다 混ぜる （-다の前：終声字あり）	Ⅲ 섞어- ［-다の前の母音に合わせて-어-をつけた形］

もう1つだけ特別な活用形Ⅲの作り方をみておきましょう。日本語の「する」にあたる動詞 **하다**の**Ⅲは、해**–になります。実は**해요体**の**해**というのは、**하다**のⅢだったのですね。ところで**하다**は日本語の「する」のように○○**하다**（○○する）という形で様々な動詞を作るほか、形容詞を作ることもあります。このような動詞、形容詞は非常に数が多いのですが、ここではほんの少しだけ例をあげることにします。

	基本形	活用形Ⅲ
動詞	**하다** する	**해**–
動詞	**운동하다** 〔運動－〕運動する	**운동해**–
動詞	**유학하다** 〔留学－〕留学する	**유학해**–
形容詞	**건강하다** 〔健康－〕健康だ	**건강해**–
形容詞	**따뜻하다** 暖かい	**따뜻해**–

レベルアップコラム

»第21課 で–**이에요 / 예요**（～です）、»第23課 で–**이 / 가 아니에요**（～ではありません）という表現を学びましたが、実はこれらは指定詞 –**이다**（～だ、～である）、–**이 / 가 아니다**（～ではない）の**해요体**です。–**이다**、**아니다**は**해요体**を作るとき、Ⅲがそれぞれ–**이에**–（子音終わり体言＋）/–**예**–（母音終わり体言＋）、**아니에**–という特別な形になるのです。

さあ、これでこの課で学ぶちょっと特別な活用形Ⅲの作り方の練習が終わりました。»第30課 で学んだようにこれらに－요をつければ、「～です(か)、～ます(か)」(**해요体**)という意味になります。例えば、p.190でみた例であれば、「行きます」は**가요**(**가다**のⅢ－**요**)、「送ります」は**보내요**(**보내다**のⅢ－**요**)、「(電気を)つけます」は**켜요**(**켜다**のⅢ－**요**)となります。ほかの例もみてみましょう。

基本形	活用形Ⅲ	Ⅲ－요：해요体（～です〈か〉、～ます〈か〉）	
자다 寝る	자－	**자요.** 寝ます	**자요?** 寝ますか
서다 立つ	서－	**서요.** 立ちます	**서요?** 立ちますか
지내다 過ごす	지내－	**지내요.** 過ごします	**지내요?** 過ごしますか
세다 強い	세－	**세요.** 強いです	**세요?** 強いですか
펴다 開く	펴－	**펴요.** 開きます	**펴요?** 開きますか
운동하다 〔運動－〕運動する	운동해－	**운동해요.** 運動します	**운동해요?** 運動しますか

A：**어디에 가요?** どこに行きますか。
B：**압구정에 가요.** 狎鴎亭に行きます。

A：**어디에서 자요?** どこで寝ますか。
B：**집에서 자요.** 家で寝ます。

第34課

～ない、～できない

［否定形/不可能形①〈短い形〉］

「行かない」や「行けない」といった否定や不可能の表現を学びましょう。

ここが要点 1

シンプルな否定、不可能形は前に안、못をおくだけ

韓国語の否定（～ない）、不可能（～できない）を表す形にはそれぞれ短い形と長い形があります。この課ではまず、より簡単な短い形を紹介しましょう（長い形は ››第48課 で紹介します）。

～ない 否定形〈短い形〉	～できない 不可能形〈短い形〉
안 ＋ 用言	못 ＋ 用言

用言の前に안や못をおくだけですから、簡単ですね。例をみてみましょう。

● 보다 見る ➡ 봐요 見ます

안 봐요 見ません　　**못 봐요** 見られません

● 먹다 食べる ➡ 먹어요 食べます

안 먹어요 食べません　　**못 먹어요** 食べられません

● 마시다 飲む ➡ 마셔요 飲みます

안 마셔요 飲みません　　**못 마셔요** 飲めません

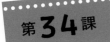

저는 이 영화를 안 봐요. [보다(見る)]
わたくしはこの映画を見ません。

왜 야채를 안 먹어요? [먹다(食べる)]
どうして野菜を食べないのですか。

유진 씨도 우유를 마셔요?
ユジンさんも牛乳を飲みますか。

-아뇨. 저는 우유를 못 마셔요. [마시다(飲む)]
いいえ。わたくしは牛乳を飲めないんです。

レベルアップコラム

次のような例の場合、音変化が起こって聞こえてくる印象がだいぶ変わります。どうしても耳にする機会は多いため、ここでは参考までに変化の過程を示しますが、自分で発音するときはあまり神経質にならなくてよいですよ。

● 하다 する →

안 해요 [아내요〈ㅎの弱化〉] しません
못 해요 [몯해요〈終声規則〉 ➡ 모태요〈激音化〉] できません

● 오다 来る →

안 와요 [아놔요〈終声の初声化〉] 来ません
못 와요 [몯와요〈終声規則〉 ➡ 모돠요〈特殊な初声化〉] 来られません

● 먹다 食べる →

못 먹어요 [몯머거요〈終声規則〉 ➡ 몬머거요〈鼻音化〉] 食べられません

● 읽다 読む →

안 읽어요 [안닐거요〈n挿入〉] 読みません
못 읽어요 [몯일거요〈終声規則〉 ➡ 몯닐거요〈n挿入〉
➡ 몬닐거요〈鼻音化〉] 読めません

※**못 읽어요**は[**모딜거요**〈特殊な初声化〉]と発音されることもあります。

マスターのコツ

마셔요?(飲みますか)に対するNOの返事としては、**안 마셔요.**と**못 마셔요.**の2つが考えられますが、この違いは何でしょうか。前者の訳は「飲みません」となりますが、これには言外に「飲む意思がないので飲まない」という意味が含まれます。一方で後者の訳は「飲めません」ですが、これには「飲みたいが何かの事情があって飲めない」という意味が含まれます。ちなみに**안 마셔요?**(飲みませんか)という否定の疑問文に対する答え方は日本語と同じです。つまり、飲まないのであれば**네. 안 마셔요.**(はい。飲みません)、飲むのであれば**아뇨. 마셔요.**(いいえ。飲みます)となります。

上では動詞の例をみましたが、もちろん形容詞の場合にも使えます。ここでは否定の場合をみましょう。

- 길다 長い ➜ 길어요 長いです

  안 **길어요** 長くないです

- 괜찮다 大丈夫だ ➜ 괜찮아요 大丈夫です

  안 **괜찮아요** 大丈夫じゃないです

ここが要点 2 短い否定形、不可能形の注意点を2つ

短い否定形、不可能形は用言の前に**안**や**못**をおくだけなので簡単ですが、いくつか注意点があります。まず、○○**하다**の形をとる動詞の場合は、特別な形を持ちます。**안や못が○○と하다の間に入り、○○ 안 하다**(○○しない)、**○○ 못 하다**(○○できない)という形になります。

● 충전하다〔充塡−〕（交通ICカードなどに）チャージする

충전 안 해요 チャージしません

충전 못 해요 チャージできません

● 설명하다〔説明−〕説明する

설명 안 해요 説明しません

설명 못 해요 説明できません

また、**안**による否定形を持たないことばがいくつかあります。まずは、›› 第 29 課 で紹介した存在詞と指定詞です。これらは否定の意味を持つ独立した語や表現を持ちます。ここでは**해요体**の例をみてみましょう。

存在詞		
있어요 ありますす、います	⇔	**없어요** ありません、いません
指定詞		
친구예요 友達です	⇔	**친구가 아니에요** 友達ではありません

それから、わかる・知る系の動詞はそのまま覚えてしまいましょう。

알아요 わかります、知っています	⇔	**몰라요** わかりません、知りません

알아요の基本形は**알다**（わかる、知る）ですね。一方、**몰라요**の基本形は**모르다**（わからない、知らない）なのですが、これは不規則な活用をする動詞なので、**몰라요**（わかりません、知りません）全体をそのまま覚えてしまいましょう。

第35課

～た｜まだ～ていない

［過去形①］　［未完了］

これまでに学んできたⅢ－요（해요体）は、現在のこと、そして場合によっては習慣や未来を表す表現でした。この課では、さらに時間軸を広げて、過去について話す練習をしてみましょう。

ここが要点 1

過去形はⅢから簡単に作れる

過去形「～た」は、Ⅲ－ㅆ다という形により作ります。

基本形	活用形Ⅲ	Ⅲ－ㅆ다：過去の基本形（～た）
작다 小さい	작아－	작았다 小さかった
마시다 飲む	마셔－	마셨다 飲んだ
지내다 過ごす	지내－	지냈다 過ごした

Ⅲの下に－ㅆ－が終声字として入り込んでいることに注意して下さい。このようにしてできた形を過去の基本形とよびます。

では、今度はこの過去の基本形を丁寧な文体である**해요体**にしてみましょう（つまり、「～でした、～ました」という形に変えてみましょう）。

해요体はこれまでに学んできたように**Ⅲ**－**요**により作られるのですが、実は**過去の基本形の場合、活用形Ⅲの作り方が、少し特殊**です。

過去の基本形のⅢの作り方

例 **작았다**（小さかった）、**마셨다**（飲んだ）、**지냈다**（過ごした）

1. 過去の基本形（－ㅆ다）を作る。　（例）**작았다**、**마셨다**、**지냈다**
2. 基本形から－다をとる。　（例）**작았**－、**마셨**－、**지냈**－
3. 前の母音にかかわらず、－어－をつける。
（例）**작았**어－、**마셨**어－、**지냈**어－

このように過去の基本形から活用形Ⅲを作る場合には、最後の部分の作り方が特別です。つまり、基本形から－**다**をとった形の**最後の母音**によって－**아**－か－**어**－のどちらをつけるのか考えるのではなく、一律に－어－をつけることに注意しましょう。

さあ、活用形Ⅲができたら、あとは簡単です。**해요体**はこれらに－**요**をつければよいので、次のように作ることができますね（結果として、過去の**해요体**はⅢ－**ㅆ어요**という形になります）。

過去の基本形	活用形Ⅲ	Ⅲ－요：해요体（～でした〈か〉、～ました〈か〉）	
작았다 小さかった	**작았어－**	**작았어요.** 小さかったです	**작았어요?** 小さかったですか
마셨다 飲んだ	**마셨어－**	**마셨어요.** 飲みました	**마셨어요?** 飲みましたか
지냈다 過ごした	**지냈어－**	**지냈어요.** 過ごしました	**지냈어요?** 過ごしましたか

● 작다 小さい

A：**사이즈가 작았어요?** サイズが小さかったですか。

B：**아뇨. 안 작았어요.** 小さくありませんでした。

● 마시다 飲む

A：**어제 맥주를 마셨어요?** 昨日、ビールを飲みましたか。

B：**네. 어제도 조금 마셨어요.**
はい。昨日も少し飲みました。

● 지내다 過ごす

A：**잘 지냈어요?** 元気でしたか（←よく過ごしましたか）。

B：**네. 잘 지냈어요.** はい。元気でした（←よく過ごしました）。

● 사다 買う

A：**미샤에서 파운데이션을 샀어요?**
MISSHAでファンデーションを買いましたか。

B：**아뇨. 못 샀어요.** 買えませんでした。
※**미샤**（MISSHA）：韓国のコスメブランド。

ここが要点

2 「まだ〜ていない」は過去形を使って表す

日本語の「まだ〜ていない」という未完了を表す表現は、韓国語では**아직 안 Ⅲ-ㅆ다**（直訳：まだ〜なかった〈否定＋過去〉）により表します。また、「まだ〜できていない」であれば、**아직 못 Ⅲ-ㅆ다**（直訳：まだ〜できなかった〈不可能＋過去〉）になります。例をみてみましょう。

닫다 閉める	**아직 안 닫았다** まだ　閉めていない（←閉めなかった）
	아직 못 닫았다 まだ　閉められていない（←閉められなかった）
먹다 食べる	**아직 안 먹었다** まだ　食べていない（←食べなかった）
	아직 못 먹었다 まだ　食べられていない（←食べられなかった）

● 보다 見る

A ：**혹시 그 영화 봤어요?** もしかして（例の）あの映画、見ましたか。

B1：**아뇨. 아직 안 봤어요.** いいえ。まだ見ていません。

B2：**아뇨. 아직 못 봤어요.** いいえ。まだ見られていません。

● 하다 する

A ：**숙제 다 했어요?** 宿題、全てしましたか。

B1：**아뇨. 아직 안 했어요.** いいえ。まだしていません。

B2：**아뇨. 아직 못 했어요.** いいえ。まだできていません。

第36課

～た、過去形の特別な用法

［過去形②］

引き続き、過去形の学習を続けましょう。今回は体言を使った文の過去形、過去形の特別な用法について学びましょう。

ここが要点 1

「～です」、「～ではありません」の過去形は、そのまま覚えてしまおう

›› 第21課 で **-이에요/예요(?)**（～です〈か〉）、›› 第23課 で **-이/가 아니에요(?)**（～ではありません〈か〉）という表現を学びました。ここではその過去の形を学びましょう。

● -이에요/예요(?)　～です（か）の過去形
※基本形は-이다（～だ、～である）

	～でした	～でしたか
子音終わり体言	-이었어요.	-이었어요?
母音終わり体言	-였어요.	-였어요?

● -이/가 아니에요(?)　～ではありません（か）の過去形
※基本形は아니다（～ではない）

	～ではありませんでした	～ではありませんでしたか
子音終わり体言	-이 아니었어요.	-이 아니었어요?
母音終わり体言	-가 아니었어요.	-가 아니었어요?

表の中でオレンジ色の部分が-**이다**、**아니다**の活用形Ⅲなのですが、これらは理屈は考えず表現全体をそのまま覚えてしまうとよいでしょう。例をいくつかあげますので、何度も発音して慣れていきましょう。

● 子音終わり体言の場合

과일 果物	**과일**이었어요./? 果物でした(か)
	과일이 아니었어요./? 果物ではありませんでした(か)
이쪽 こちら	**이쪽**이었어요./? こちらでした(か)
	이쪽이 아니었어요./? こちらではありませんでした(か)

● 母音終わり体言の場合

바다 海	**바다**였어요./? 海でした(か)
	바다가 아니었어요./? 海ではありませんでした(か)
오이 きゅうり	**오이**였어요./? きゅうりでした(か)
	오이가 아니었어요./? きゅうりではありませんでした(か)

● 거짓말 嘘　정말 本当

그 말은 거짓말이 아니었어요. **정말**이었어요.

その話は嘘ではありませんでした。本当でした。

● 언제 いつ　때 とき

A：**첫사랑이 언제**였어요? 初恋は(←が)いつでしたか。

B：**중학교 때**였어요. 中学生(←中学校)のときでした。

ここが要点 2

Ⅲ－ㅆ다は過去以外の意味を表すときもある

Ⅲ－ㅆ다は過去を表すのが基本ですが、「～た」という意味ではなく、現在の状態を表すこともあります。この場合、「～ている」や「～だ」などと訳せることが多いです。

결혼하다 〔結婚－〕結婚する	결혼했다 結婚している
닮다 ［담다 → 담따］似る	닮았다 似ている
남다 ［남따］残る	남았다 残っている
잘생기다 イケメンだ	잘생겼다 イケメンだ
아직 멀다 まだ遠い	아직 멀었다 まだ遠かった → まだまだだ

A：승민 씨는 결혼했어요? スンミンさんは結婚していますか。

B：네. 결혼했어요.

はい。結婚しています。

A：아이는 누구를 닮았어요?

子どもは誰に（←を）似ていますか。

B：우리 아이는 아빠를 닮았어요.

うちの子どもは、パパに（←を）似ています。

マスターのコツ

「〜さん」にあたる韓国語は、〜 **씨**〈氏〉です。日本語の「〜さん」は非常に便利なことばなので、広範囲の相手に対して使用されますが、韓国語の〜**씨**は日本語ほど多くは用いられていないようです。例えば、日本語では「山本さん」、「本田さん」のように姓に「さん」をつけることが多くありますが、韓国語では**김 씨**（キムさん）、**박 씨**（朴さん）といったよび方は失礼とされます（ただし、日本人の名前の場合には、**야마모토 씨**（山本さん）、**혼다 씨**（本田さん）のように「姓＋씨」を使うことがあります）。

一方で、親しくなった相手であれば、**영민 씨**（ヨンミンさん）、**유카 씨**（友香さん）のように「下の名前＋씨」という表現を用いることは可能です。一般に相手をよぶときには**과장님**〔課長－〕（課長〈←課長様〉）、**팀장님**〔team長－〕（チーム長〈←チーム長様〉）、**선생님**〔先生－〕（先生〈←先生様〉）といった肩書類をよく使うほか、›› 第43課 のマスターのコツで紹介する「お兄さん」や「お姉さん」といった（本来）親族名称であることばもよく使われます。ドラマや映画を見るときに相手のことをどうよび合っているかに注目するのも面白そうですね。

レベルアップコラム

p.204の一番下の例文にある**아빠를 닮았어요.**は「パパに似ています」という意味ですが、ここでは助詞-**를**（〜を）が使われていることがわかります（つまり、直訳は「パパを似ました」になっています）。このように-**을/를 닮았다**で「〜に似ている」という意味を表すのですが、こうした日本語とはズレが生じる助詞の用法については、›› 第42課 でまとめて紹介することにします。

今週のチャレンジ❾

第33～36課

第33課の問題

해요体にして、会話を組み立ててみましょう。 >> ここが要点❶

例1 **가다** 行く

A：**가요?** 行きますか。

B：**네. 가요** はい。行きます。

例2 **보내다** 送る

A：**보내요?** 送りますか。

B：**네. 보내요.** はい。送ります。

やってみよう

❶ **사다** 買う
❷ **켜다**（電気などを）つける
❸ **공부하다**〔工夫ー〕勉強する
❹ **일어나다** 起きる
❺ **내다** 出す
❻ **세다** 数える
❼ **받다** もらう
❽ **자다** 寝る

第34課の問題

【　】のことばを使って会話を組み立ててみましょう。 »ここが要点❶❷

例 **초코에몽을 마시다**〔chocoえもん－〕チョコえもんを飲む

A：**초코에몽을 마셔요?** チョコえもんを飲みますか。**【안】**

B：**아뇨. 안 마셔요.** いいえ。飲みません。

※**초코에몽**：パッケージにドラえもんが描かれたチョコレート飲料。

やってみよう

【안など】

❶ **집에서 자다** 家で寝る

❷ **중국어를 배우다**〔中国語－〕中国語を習う

❸ **시간이 많다**〔時間－〕時間が多い

❹ **부탁이 있다**〔付託－〕お願いがある

【못】

❺ **문을 닫다**〔門－〕ドアを閉める

❻ **소주를 마시다**〔焼酎－〕焼酎を飲む

❼ **주말에 만나다**〔週末－〕週末に会う

❽ **매일 공부하다**〔毎日 工夫－〕毎日勉強する

●解答

［第33課］ 1 ❶ A：사요? B：네. 사요. ❷ A：켜요? B：네. 켜요. ❸ A：공부해요? B：네. 공부해요. ❹ A：일어나요? B：네. 일어나요. ❺ A：내요? B：네. 내요. ❻ A：세요? B：네. 세요. ❼ A：받아요? B：네. 받아요. ［Ⅲは短くならない］ ❽ A：자요? B：네. 자요.

［第34課］ ❶ A：집에서 자요? B：아뇨. 안 자요. ❷ A：중국어를 배워요? B：아뇨. 안 배워요. ❸ A：시간이 많아요? B：아뇨. 안 많아요. ❹ A：부탁이 있어요? B：아뇨. 없어요. ❺ A：문을 닫아요? B：아뇨. 못 닫아요. ❻ A：소주를 마셔요? B：아뇨. 못 마셔요. ❼ A：주말에 만나요? B：아뇨. 못 만나요. ❽ A：매일 공부해요? B：아뇨.（공부）못 해요.

第35課の問題

1 会話を組み立ててみましょう。 >> ここが要点❶

例 **박물관에 가다** 〔博物館ー〕博物館に行く

A：**박물관에 갔어요?** 博物館に行きましたか。

B：**네. 갔어요.** はい。行きました。

やってみよう

❶ **시험을 보다** 〔試験ー〕試験を受ける（←見る）
❷ **닭갈비를 먹다** タッカルビを食べる ※**닭갈비**［**닥깔비**］
❸ **기분이 좋다** 〔気分ー〕気分がよい
❹ **이름을 바꾸다** 名前を変える
❺ **핸드폰을 충전하다** 〔hand phoneー充電ー〕携帯電話を充電する
❻ **값이 싸다** 値段が安い
❼ **콜라를 마시다** 〔colaー〕コーラを飲む
❽ **돈을 많이 내다** お金をたくさん払う（←出す）

---

2 【　】のことばを使って会話を組み立ててみましょう。 >> ここが要点❷

例 **가다** 行く

A：**갔어요?** 行きましたか。【**못**】

B：**아뇨. 아직 못 갔어요.** いいえ。まだ行けていません。

やってみよう

【**안**】
❶ **씻다** 洗う　❷ **자다** 寝る
❸ **보다** 見る　❹ **운동하다** 〔運動ー〕運動する

【**못**】
❺ **닫다** 閉める　❻ **끝내다** 終わらせる
❼ **보내다** 送る　❽ **공부하다** 〔工夫ー〕勉強する

第36課の問題

会話を組み立ててみましょう。 >>ここが要点❶

例1 **이쪽** こちら

A：**이쪽이었어요?** こちらでしたか。

B：**아뇨. 이쪽이 아니었어요.** いいえ。こちらではありませんでした。

例2 **바다** 海

A：**바다였어요?** 海でしたか。

B：**아뇨. 바다가 아니었어요.** いいえ。海ではありませんでした。

やってみよう

❶ **집** 家
❷ **어제** 昨日
❸ **음식**〔飲食〕食べ物
❹ **주스**〔juice〕ジュース
❺ **세일**〔sale〕セール
❻ **숙제**〔宿題〕宿題
❼ **은행**〔銀行〕銀行
❽ **일본어**〔日本語〕日本語

WEEK▼

WEEK9

●解答

［第35課］ 1 ❶ A：시험을 봤어요? B：네. 봤어요. ❷ A：닭갈비를 먹었어요? B：네. 먹었어요. ❸ A：기분이 좋았어요? B：네. 좋았어요. ❹ A：이름을 바꿨어요? B：네. 바꿨어요. ❺ A：핸드폰을 충전했어요? B：네. 충전했어요. ❻ A：값이 쌌어요? B：네. 쌌어요. ❼ A：콜라를 마셨어요? B：네. 마셨어요. ❽ A：돈을 많이 냈어요? B：네. 많이 냈어요. 2 ❶ A：씻었어요? B：아뇨. 아직 안 씻었어요. ❷ A：잤어요? B：아뇨. 아직 안 잤어요. ❸ A：봤어요? B：아뇨. 아직 안 봤어요. ❹ A：운동했어요? B：아뇨. 아직 (운동) 안 했어요. ❺ A：닫았어요? B：아뇨. 아직 못 닫았어요. ❻ A：끝냈어요? B：아뇨. 아직 못 끝냈어요. ❼ A：보냈어요? B：아뇨. 아직 못 보냈어요. ❽ A：공부했어요? B：아뇨. 아직 (공부) 못 했어요.

［第36課］ ❶ A：집이었어요? B：아뇨. 집이 아니었어요. ❷ A：어제였어요? B：아뇨. 어제가 아니었어요. ❸ A：음식이었어요? B：아뇨. 음식이 아니었어요. ❹ A：주스였어요? B：아뇨. 주스가 아니었어요. ❺ A：세일이었어요? B：아뇨. 세일이 아니었어요. ❻ A：숙제였어요? B：아뇨. 숙제가 아니었어요. ❼ A：은행이었어요? B：아뇨. 은행이 아니었어요. ❽ A：일본어였어요? B：아뇨. 일본어가 아니었어요.

第37課

～でいらっしゃる、～(ら)れる

［尊敬形①］

›› 第21課 でも紹介したように、韓国語は敬語を持つという点で日本語とよく似た特徴を持ちます。›› 第37、38、39課 では、行為の主体を高めていうときに用いる尊敬形の作り方を学びましょう。

ここが要点 1

活用形Ⅱの作り方をマスターしよう

尊敬の基本形「～でいらっしゃる、～(ら)れる」は、Ⅱ－**시다**により作ります。ここでは、まずこの表現を作るために必要となる活用形Ⅱの作り方を学びましょう。

活用形Ⅱの作り方

例 **만나다**（会う）、**찾다**（探す）

❶ 基本形（○○다）を用意する。　（例）**만나다、찾다**

❷ 基本形から－다をとる。　（例）**만나**－、**찾**－

❸ ❷で得た形の**最後の文字**が

- 母音で終わる（終声字がない）場合は、何もつけない。　（例）**만나**－
- 子音で終わる（終声字がある）場合は、－으－をつける。　（例）**찾으**－

›› 第30課 で学んだように活用形Ⅲは基本形（○○**다**）から－**다**をとった形の最後の母音の種類に注目しましたが、活用形Ⅱではその形が**母音終わりか、子音終わりか**によって異なる形を作ることがわかりますね。

ほかにもいくつか例をみてみましょう。

다니다 通う	Ⅱ 다니－	가다 行く	Ⅱ 가－
닫다 閉める	Ⅱ 닫으－	괜찮다 大丈夫だ	Ⅱ 괜찮으－

ここが要点

2 尊敬形はⅡ－시다で作ろう

上で学んだ活用形Ⅱに－시다をつけると、「～でいらっしゃる、～（ら）れる」という尊敬の基本形になります。例えば、前のページでみた例であれば、「会われる」は**만나시다**（**만나다**のⅡ－**시다**）、「探される」は**찾으시다**（**찾다**のⅡ－**시다**）となります。ほかの例もみてみましょう。

基本形	活用形Ⅱ	Ⅱ－시다：尊敬の基本形 （～でいらっしゃる、～〈ら〉れる）
다니다 通う	다니－	다니시다 通われる
가다 行く	가－	가시다 行かれる
닫다 閉める	닫으－	닫으시다 閉められる
괜찮다 大丈夫だ	괜찮으－	괜찮으시다 大丈夫でいらっしゃる

今度はこの尊敬の基本形を**해요体**（～でいらっしゃいます、～〈ら〉れます）にしてみましょう。**해요体**はⅢ－**요**により作られるため、まずは活用形Ⅲを作らなければなりません。例えば、

만나시다（会われる）であれば、**만나시어**－ ➡ **만나셔**－〈融合〉
찾으시다（探される）であれば、**찾으시어**－ ➡ **찾으셔**－〈融合〉

となるのが原則ですね。つまり、「会われます」は**만나셔요**、「探されます」は**찾으셔요**となるはずです。

ところが、実際には尊敬の해요体を作るとき、－**셔**－は－**세**－になるのが普通なので、**만나세요**（会われます）、**찾으세요**（探されます）と発音し、表記もそのようにします（結果として、尊敬の**해요体**はⅡ－**세요**という形になります）。ほかの例もみてみましょう。

다니시다 通われる	다니세요 通われます
가시다 行かれる	가세요 行かれます
닫으시다 閉められる	닫으세요 閉められます
괜찮다 大丈夫でいらっしゃる	괜찮으세요 大丈夫でいらっしゃいます

尊敬の**해요体**は平叙形、疑問形、命令形が同形になり、発音上はイントネーション、表記上は「．」（ピリオド）か「？」（クエスチョンマーク）により区別されます。例えば、**다니다**（通う）、**닫다**（閉める）の場合は次のようになります。

다니다 通う	**다니세요.** 通われます	**다니세요?** 通われますか	**다니세요.** お通い下さい
닫다 閉める	**닫으세요.** 閉められます	**닫으세요?** 閉められますか	**닫으세요.** お閉め下さい

これまでに紹介した >> 丸覚えフレーズ にも尊敬の**해요体**が使われていました。もとの形は何だかわかりますか。

안녕하세요? おはようございます。こんにちは。こんばんは。
>> 丸覚えフレーズ① (p.52)
안녕히 가세요. さようなら。〈その場を去る人に〉>> 丸覚えフレーズ④ (p.53)
주세요. ください。>> 丸覚えフレーズ⑥ (p.98)
수고하세요. お疲れさまです。>> 丸覚えフレーズ⑪ (p.142)

答えは、それぞれ**안녕하다**〔安寧－〕（元気だ）、**가다**（行く）、**주다**（くれる）、**수고하다**（苦労する）のⅡ－**시다**（尊敬形）である、**안녕하시다**（元気でいらっしゃる）、**가시다**（行かれる）、**주시다**（くださる）、**수고하시다**（苦労される）です（下の3つは命令形として使われています）。このように文法がわかると挨拶ことばを覚えるのも楽になりますね。

팀장님도 영어 학원에 다니세요.
チーム長（←チーム長様）も英語の塾（←学院）に通われ（てい）ます。
내일 시간 괜찮으세요?
明日、時間いかがですか（←大丈夫でいらっしゃいますか）。

第38課

～でいらっしゃる、～(ら)れる ［尊敬形②］ ｜ ～から～まで、～で② ［助詞④］

››第37課 に引き続き、尊敬形の学習をします。新しい助詞もいくつか学びましょう。

ここが要点 1 特別な尊敬形は単語をそのまま覚えてしまおう

日本語でも「見る」の尊敬が「お見になる×」ではなく、「ご覧になる」になるように韓国語でもいくつかの動詞は、Ⅱ－시다ではなく、特別な形により尊敬を表します。次のようなことばがありますが、これらは**1つの単語としてそのまま**覚えてしまうとよいでしょう。

먹다、 마시다 食べる 飲む	드시다 召し上がる
있다 いる	계시다 いらっしゃる
없다 いない	안 계시다 いらっしゃらない
말하다 言う、話す	말씀하시다 おっしゃる
자다 寝る	주무시다 お休みになる

これらを**해요体**にするときには、尊敬の基本形（››第37課）と同様に－**셔요**ではなく、－세요となるのが普通です。

드시다 召し上がる ➡ **드세요** 召し上がります
계시다 いらっしゃる ➡ **계세요** いらっしゃいます
안 계시다 いらっしゃらない ➡ **안 계세요** いらっしゃいません
말씀하시다 おっしゃる ➡ **말씀하세요** おっしゃいます
주무시다 お休みになる〈寝るの尊敬〉 ➡ **주무세요** お休みになります

›› 丸覚えフレーズ④ で紹介した**안녕히 계세요.**（さようなら〈その場に残る人に〉）の**계세요**は、**계시다**（いらっしゃる）の**해요体**だったわけですね。ここでの**계세요**は命令形として使われていて、全体としては「元気にいらっしゃって下さい」が直訳になっています。

レベルアップコラム

存在詞**있다**の尊敬形は、上で学んだように**계시다**（いらっしゃる）という特別な形を持ちます。一方で、›› 第 37 課 で学んだⅡ－**시다**により尊敬形を作って**있으시다**というと、「おありだ」という意味になります。この区別ですが、**계시다**（いらっしゃる）は人が主語のときに、**있으시다**（おありだ）は人以外が主語のときに使うと考えておけばよいでしょう（なお、否定形は、それぞれ**안 계시다**（〈人が〉いらっしゃらない）、**없으시다**（〈人以外が〉おありでない）となります。

	人が主語	人以外が主語
肯定	**계시다** いらっしゃる	**있으시다** おありだ
否定	**안 계시다** いらっしゃらない	**없으시다** おありでない

선생님은 지금 교실에 계세요.
先生は今、教室にいらっしゃいます。〈人が主語〉
선생님, 지금 시간 있으세요?
先生、今、お時間おありですか。〈人以外が主語〉

ここが要点 2

「～から」と手段の「～で」は、助詞の選択に要注意

助詞の4回目。今回は要注意の助詞特集です。まずは「～から～まで」という表現をセットで覚えましょう。

	～から	～まで
体言〈場所〉	－에서	－까지
体言〈とき〉	－부터	

表をみてわかるように「～から」の部分は、前に場所を表すことばがくるか、ときを表すことばがくるかによって、2種類を使い分けること、「～まで」の部分は前にくることばに関係なく1種類しかないことがわかります。それぞれの例をみてみましょう。

● 〈場所〉から〈場所〉まで

집 ~ 학교 家 〔学校〕学校	집에서 학교까지 家 から 学校 まで
서울 ~ 도쿄 ソウル 〔東京〕東京	서울에서 도쿄까지 ソウル から 東京 まで

※－**에서**（～から）は ›› 第32課 で学んだように「～〈場所〉で」という意味でも使われることに注意しましょう。

● 〈とき〉から〈とき〉まで

오늘 ~ 모레 今日 あさって	오늘부터 모레까지 今日 から あさって まで

오전 열시부터 오후 세시까지 회의가 있어요.

午前10時から午後3時まで会議があります。

続いて「地下鉄で行く」や「ボールペンで書く」のように手段・道具を表す「〜で」についてみてみましょう。

	〜〈手段・道具〉で
子音終わり体言	−으로
母音/ㄹ終わり体言	−로

これも表が今までとちょっと違っていることに気づいたでしょうか。これまでに学んだいくつかの助詞の中には、前にくる体言が子音終わりか、母音終わりかによって区別をするものがありましたが（例：−은/는　〜は ›› 第22課、−이/가　〜が ›› 第22課、−을/를　〜を ›› 第32課）、「〜〈手段・道具〉で」の場合は、前にくる体言が子音終わりか、母音/ㄹ終わりかによって使い分けます。つまり、ㄹで終わる体言には（子音終わり体言ではなく）、母音終わり体言と同じ−로がつくので、注意しましょう。いくつか例をあげます。

● 子音終わり体言の場合

볼펜 〔ball pen〕ボールペン	볼펜으로 ボールペン　で

● 母音/ㄹ終わり体言の場合

고추 唐辛子	고추로 唐辛子　で
지하철 〔地下鉄〕地下鉄	지하철로 地下鉄　で

第39課

～でいらっしゃった、～(ら)れた
［尊敬の過去形］

位置を表すことば

尊敬の過去形の作り方、位置の表現について学びます。

ここが要点 1
「～なさいました」は尊敬→過去の順で作ろう

›› 第 37 課、›› 第 38 課 で学んだ尊敬「～でいらっしゃる、～(ら)れる」の過去形、つまり「～でいらっしゃった、～(ら)れた(＝～なさった)」という表現の作り方を紹介しましょう。

尊敬の過去形の作り方

例 **만나다**(会う)、**웃다**(笑う)

❶ 基本形(○○다)を用意する。　(例) **만나다、웃다**

❷ Ⅱ-시다(～〈ら〉れる)により尊敬の基本形を作る。

(例) **만나시다**(会われる)、**웃으시다**(笑われる)

❸ ❷で得た形をⅢ-ㅆ다(～た)により過去形にする。❷の形は、-다の前が-시-(ㅏ、ㅗ以外の母音ㅣ)で終わっているため、Ⅲでは-어-がつくが、-시-＋-어-は-셔-に融合することに注意(結果として、Ⅱ-셨다という形になる)。

(例) **만나셨다**(会われた)、**웃으셨다**(笑われた)

左ページでできた**만나셨다**は「会われた」、**웃으셨다**は「笑われた」という意味です。このように「〜なさった」という表現は、まず尊敬の基本形（Ⅱ-시다）を作り、それを過去形（Ⅲ-ㅆ다）にするという手順を踏むことに注意しましょう。

ところで、これらはもちろんⅢ-요により**해요体**にすることができるので、上の例の場合は、それぞれ**만나셨어요**（会われました）、**웃으셨어요**（笑われました）という形ができます。

● 입다 着る ➜ 입으시다 着られる ➜ 입으셨다 着られた

A：**바지를 입으셨어요?**
ズボンをはかれましたか（←着られましたか）。

B：**네. 입었어요.** はい。はきました（←着ました）。

なお、特別な尊敬形（›› 第38課）を持ついくつかの動詞は、それをⅢ-ㅆ다（過去形）にすることで、尊敬の過去形ができあがります。

드시다 召し上がる	**드셨다** 召し上がった
계시다 いらっしゃる	**계셨다** いらっしゃった
안 계시다 いらっしゃらない	**안 계셨다** いらっしゃらなかった
말씀하시다 おっしゃる	**말씀하셨다** おっしゃった
주무시다 お休みになる〈寝るの尊敬〉	**주무셨다** お休みになった

● 드시다 召し上がる ➡ 드셨다 召し上がった

A：**불닭볶음면도 드셨어요?**

プルダックポックンミョンも召し上がりましたか。

B：**아뇨. 아직 못 먹었어요.**

いいえ。まだ食べられていません。

※**불닭볶음면**：韓国の激辛炒め麺のブランド。辛さや味によって色々な味がある。

ここが要点

2 位置の説明は［基準+位置］で

ちょっと気分を変えて、位置を表すことばを紹介しましょう。

앞 前 ⟷ **뒤** 後ろ		**왼쪽** 左 ⟷ **오른쪽** 右	
위 上 ⟷ **아래** 下		**안** 中 ⟷ **밖** 外	
옆 横、隣	**A하고 B사이** AとBの間	**근처** 〔近処〕近く	**가운데** 真ん中、中心

日本語では「学校の前」のように［基準になる場所＋の＋位置］と表現しますが、»第22課 で学んだように韓国語では助詞「〜の」があまり使われないので、**학교 앞**（←学校前）のように［基準になる場所＋位置］と表現します。次のページの例文でも確認してみましょう。

교실 앞에서 학생들이 이야기해요.
教室の前で学生たちが話し(てい)ます。
가방 안에는 신문이 없어요.
かばんの中には新聞がありません。
학교하고 아파트 사이에 도서관이 있었어요.
学校とマンション(←アパート)の間に図書館がありました。

マスターのコツ

日本語も韓国語も尊敬語を持つという点では似ていますが、使われる場面には若干の違いがあります。基本的には目上の人、(初対面など)親しくない人に使うという理解でいいのですが、日本語と違って、目上の人に対しては、常に敬語を使うという点は日本語と異なります。

例えば、会社で取引先から「社長はいるか」という質問を受けて「いない」と答えるとき、日本語では「ただ今、社長はおりません」や「あいにく席を外しております」のように謙譲語(身内を低めていうことば)を用いますが、韓国語では、**사장님은 지금 안 계세요.**(←社長様は今、いらっしゃいません)と尊敬表現を用います。このような敬語の使い方を絶対敬語といいます。少しずつ慣れていきたいですね。

それから、韓国語では**괜찮으세요?**(大丈夫でいらっしゃいますか)、**좋으세요.**(よくていらっしゃいます)のような表現もよく使われます。これらは形容詞 **괜찮다**(大丈夫だ)、**좋다**(よい)の尊敬形で日本語に訳すとやや不自然な印象を受けますが、韓国語ではいずれも自然な表現になっています。

第40課

～ましょうか、～でしょうか ［勧誘、申し出、推量］ ｜ ～ようと思います ［意図］

この課からは日常会話でよく使われる便利な表現を紹介していきます。第40課では、活用形Ⅱから作られる勧誘や意図などの表現を学びましょう。

ここが要点 1 Ⅱ-ㄹ까요？は主語によって様々な意味に

勧誘の表現「～ましょうか」は、Ⅱ-ㄹ까요？により表します。活用形Ⅱは »第37課 で学んだとおり、-**다**の前に子音がある（終声字がある）場合には、-**으**-が入ることに気をつけましょう。勧誘の表現なので、よく**우리**（わたしたち）や**같이**（一緒に）といったことばと一緒に使われます（日本語では誰かを誘うとき、「～ませんか」と否定で言うことが多いですが、韓国語では肯定で言うほうが多いということも知っておきましょう）。

● 먹다 食べる

A：**우리 같이 아침을 먹을까요？**

わたしたち、一緒に朝ご飯を食べましょうか。〈勧誘〉

B：**네. 좋아요. 어디에서 먹을까요？**

はい。いいです（ね）。どこで食べましょうか。

● 보다 見る

A：**토요일에 강남에서 영화를 볼까요？**
土曜日に江南で映画を見ましょうか。〈勧誘〉

B：**토요일에는 수업이 있어요．**
일요일은 어떠세요？
土曜日（に）は授業があります。日曜日はいかがですか。

ところで、この表現は日本語の「～ましょうか」と同じように主語が１人称（わたしなど）の場合には、申し出の表現になります。

● 전화하다〔電話−〕電話する

A：**제가 민준 씨에게 전화할까요？**
わたくしがミンジュンさんに電話しましょうか。〈申し出〉

B：**아，그래요？ 그럼 부탁해요．**
あ、そうですか。じゃあ、お願いします。

また、Ⅱ −ㄹ까요？は主語が３人称（わたし〈たち〉、あなた〈たち〉以外）であるときには「～でしょうか」という推量の意味を持ちます。

● 싸다 安い

A：**어느 가게가 제일 쌀까요？**
どの店が一番安いでしょうか。〈推量〉

B：**그 마트가 제일 싸요．같이 갈까요？**
その（大型）スーパーが一番安いです。一緒に行きましょうか。〈勧誘〉

ここが要点 2

「〜ようと思います」は、Ⅱ-려고 해요で

意図の表現「〜ようと思う」は、Ⅱ-려고 하다により表します。この**해요体**は、Ⅱ-려고 해요（〜ようと思います）です。

● 집에 가다 家に帰る（←行く）

A：**오늘은 일찍 집에 가려고 해요.**

今日は早く家に帰ろうと思います（← 行こうと思います）。

B：**아, 그러세요? 피곤하세요?**

あ、そうで（いらっしゃいま）すか。お疲れで（いらっしゃいま）すか。

● 공부하다〔工夫－〕勉強する

A：**금요일에는 무엇을 하세요?**

金曜日（に）は何をなさいますか。

B：**도서관에서 공부하려고 해요.**

図書館で勉強しようと思います。

レベルアップコラム

p.224の上の会話例、Bのセリフに出てきた**그러세요？**は、「そうでいらっしゃいますか」という意味で、丁寧な相づちとしてよく使われます。これは「そうだ」という意味の形容詞 **그렇다**（そうだ）の Ⅱ－**세요？**（～でいらっしゃいますか）なのですが、この形容詞は特殊な活用をするので、Ⅱ が**그러**－という形になっています。ついでにこの形容詞の Ⅲ は**그래**－です。よって、**해요体**は**그래요.**（そうです）、**그래요？**（そうですか）となりますね。これもよく使われる相づちなので、覚えておくとよいでしょう。

ところで、Ⅱ－**려고 해요**は、Ⅱ－**려고요**（～ようと思いまして）という形で使われることもあります。

● 가다 行く

A：**민수 씨, 어디 가세요?**

ミンスさん、どちら（に）行かれるんですか。

B：**우체국에 가려고요.**

郵便局に行こうと思いまして。

● 먹다 食べる

A：**남주 씨, 오늘 저녁은 뭐 드세요?**

ナムジュさん、今日の夕ご飯は何（を）召し上がるんですか。

B：**친구들하고 같이 치맥을 먹으려고요.**

友達と一緒にチメク（チキンとビール）を食べようと思いまして。

今週のチャレンジ⑩

第37～40課

第37課の問題

1 活用形Ⅱを作ってみましょう。 >>ここが要点❶

例 **만나다** 会う ➡ **만나-**　**찾다** 探す ➡ **찾으-**

やってみよう

❶ **작다** 小さい　❷ **배우다** 習う
❸ **받다** もらう　❹ **다니다** 通う
❺ **읽다** 読む　❻ **켜다** (電源を)つける
❼ **놓다** 置く　❽ **넓다** [널따] 広い

---

2 1の用言を使って、会話を組み立ててみましょう。 >>ここが要点❷

例 **찾다** 探す

A：**찾으세요?** 探されますか。
B：**아뇨. 안 찾아요.** いいえ。探しません。

第38課の問題

1 会話を組み立てみましょう。 >>ここが要点❶

例 **드시다** 召し上がる、**먹다** 食べる

A：**드세요？** 召し上がりますか。

B：**네．먹어요．** はい。食べます。

やってみよう

❶ **말씀하시다** おっしゃる、**말하다** 言う、話す

❷ **계시다** いらっしゃる、**있다** いる

❸ **주무시다** お休みになる、**자다** 寝る

2 正しい助詞を選んで文を完成させましょう。 »ここが要点❷

例 **볼펜(으로・로) 메모했어요．**

ボールペンでメモしました。

やってみよう

❶ **서울(에서・부터) 부산까지 혼자 갔어요．**

ソウルからプサンまで一人で行きました。

❷ **이 어플(으로・로) 가게를 찾았어요．**

このアプリで店を探しました。

❸ **한시(에서・부터) 세시까지 팬미팅이 있어요．**

1時から3時までファンミーティングがあります。

❹ **집에서 병원(까지・부터) 버스(로・으로) 가요．**

家から病院までバスで行きます。

●解答

［第37課］ **1** ❶ 작으－ ❷ 배우－ ❸ 받으－ ❹ 다니－ ❺ 읽으－ ❻ 켜－ ❼ 놓으－ ❽ 넓으－ **2** ❶ A：작으세요？ B：아뇨．안 작아요． ❷ A：배우세요？ B：아뇨．안 배워요． ❸ A：받으세요？ B：아뇨．안 받아요． ❹ A：다니세요？ B：아뇨．안 다녀요． ❺ A：읽으세요？ B：아뇨．안 읽어요． ❻ A：켜세요？ B：아뇨．안 켜요． ❼ A：놓으세요？ B：아뇨．안 놓아요． ❽ A：넓으세요？ B：아뇨．안 넓어요．

［第38課］ **1** ❶ A：말씀하세요？ B：네．말해요． ❷ A：계세요？ B：네．있어요． ❸ A：주무세요？ B：네．자요． **2** ❶ 에서 ❷ 로 ❸ 부터 ❹ 까지、로

第39課の問題

1 >> 第37課 1 (p.226)の用言を使って、会話を組み立ててみましょう。 >> ここが要点❶

例 **만나다** 会う

A : **만나셨어요?** 会われましたか。
B : **네. 만났어요.** はい。会いました。

---

2 例のように説明してみましょう。 >> ここが要点❷

例1 **편의점**〔便宜店〕コンビニ ／ **우체국**〔郵逓局〕郵便局【前】

A : **편의점이 어디예요?** コンビニは(←が)どこですか。
B : **우체국 앞에 있어요.** 郵便局の前にあります。

やってみよう

❶ **화장실**〔化粧室〕トイレ ／ **입구**〔入口〕入口【右】
❷ **학원**〔学院〕塾 ／ **공원**〔公園〕公園【隣】
❸ **도서관**〔図書館〕図書館 ／ **역**〔駅〕駅【近く】

例2 **카드**〔card〕カード ／ **지갑**〔紙匣〕財布【中】

A : **카드는 어디에 있었어요?** カードはどこにありましたか。
B : **지갑 안에 있었어요.** 財布の中にありました。

やってみよう

❹ **쓰레기통**〔－桶〕ゴミ箱 ／ **교실**〔教室〕教室【後ろ】
❺ **열쇠** 鍵 ／ **캐리어**〔carrier〕スーツケース【上】
❻ **여권**〔旅券〕[**여꿘**] パスポート ／
침대〔寝台〕ベッド、**테이블**〔table〕テーブル【間】

第40課の問題

会話を組み立ててみましょう。

»ここが要点❶

例 **한국어를 공부하다**〔韓国語－工夫－〕
韓国語を勉強する

A：**같이 한국어를 공부할까요?** 一緒に韓国語を勉強しましょうか。
B：**네. 좋아요.** はい。いいです（ね）。

やってみよう

❶ **찜질방에 가다**〔－房－〕チムジルバン（韓国式サウナ）に行く
❷ **사진을 찍다**〔写真－〕写真を撮る
❸ **방 안을 찾다**〔房－〕部屋の中を探す
❹ **이 책을 읽다**〔－冊－〕この本を読む

●解答

［第39課］ **1** ❶ A：작으셨어요? B：네. 작았어요. ❷ A：배우셨어요? B：네. 배웠어요. ❸ A：받으셨어요? B：네. 받았어요. ❹ A：다니셨어요? B：네. 다녔어요. ❺ A：읽으셨어요? B：네. 읽었어요. ❻ A：켜셨어요? B：네. 켰어요. ❼ A：놓으셨어요? B：네. 놓았어요. ❽ A：넓으셨어요? B：네. 넓었어요. **2** ❶ A：화장실이 어디예요? B：입구 오른쪽에 있어요. ❷ A：학원이 어디예요? B：공원 옆에 있어요. ❸ A：도서관이 어디예요? B：역 근처에 있어요. ❹ A：쓰레기통은 어디에 있었어요? B：교실 뒤에 있었어요. ❺ A：열쇠는 어디에 있었어요? B：캐리어 위에 있었어요. ❻ A：여권은 어디에 있었어요? B：침대하고 테이블 사이에 있었어요.

［第40課］ ❶ A：같이 찜질방에 갈까요? ❷ A：같이 사진을 찍을까요? ❸ A：같이 방 안을 찾을까요? ❹ A：같이 이 책을 읽을까요?

＼使える！／

丸覚えフレーズ⑱～㉒

⑱ 좋아요.

いいです。よいです。

좋다(いい、よい)の**해요**体です。相手の提案を受け入れるときや、意見を求められて「よい」と返事するときに使います。SNSでの「いいね！」も韓国語では**좋아요!**になります。これと似た表現に**좋아해요.**がありますが、これは**좋아하다**(好きだ、好む)の**해요**体で、「好きです」という意味です。ちなみに**커피 어떠세요?**(コーヒーいかがですか)などと言われて「いいです(結構です)」と断るときには、**됐어요.**を使います。

⑲ 사랑해요.

愛しています。大好きです。

日本語ではあまり聞き慣れない表現ですが、韓国では、恋人はもちろん家族や友人など大切な人に対してよく使われます。韓国語で話すときは、韓国式に感情をストレートに伝えてみるのもいいですね。

⑳ 아직 멀었어요.

まだまだです。(←まだ遠かったです)

››第36課 で学んだようにここでは**Ⅲ-ㅆ다**が過去ではなく現在の状態を表しているので、「(今は)まだ(目標から)遠いです」という意味だと考えることができます。つまり、ほめられたときに「いえいえ、私なんかまだまだです」と謙遜して言う表現になります。

21 정말 맛있어요.

本当においしいです(よ)。

韓国語のほめことばも表現のストックに入れておきましょう。

멋있어요. 素敵です。[**멋있다**(素敵だ)]
잘생겼어요. イケメンです。[**잘생겼다**(イケメンだ)]
예뻐요. かわいいです。きれいです。[**예쁘다**(かわいい、きれいだ)]
※**예쁘다**はp.279でも説明するように不規則な活用をする用言なので、Ⅲが**예뻐**−という形になる。
대단해요. すごいです。[**대단하다**(すごい)]
최고예요. 最高です。[**최고이다**〔最高−〕(最高だ)]
재미있어요. 面白いです。[**재미있다**(面白い)]
기대돼요. 楽しみです。[**기대되다**〔期待−〕(楽しみだ、期待される)]
어울려요. 似合っています。[**어울리다**(似合う)]
젊어 보여요. 若く見えます。[**젊어 보이다**(若く見える)]

22 아이고.

あぁ。うわぁ。

ドラマなどでも耳にすることが多い表現ですね。驚いたとき、悲しいとき、あきれたときなどにとっさに出るひとことです。様々なイントネーションがあるので、韓国人が話すのをよく観察してみましょう。ところで、一般に韓国語は感情表現がとても豊かだといわれます。ここでよく使われる表現をいくつか紹介しましょう。

부러워요. 羨ましいです。
깜짝이야! びっくりした!
죽겠어! 死にそう!
답답해! もどかしい!
미치겠다! 頭がおかしくなりそう!(←狂いそう!)

第41課

～ています ［進行］ ｜ ～ですねぇ、～ますねぇ ［詠嘆］

››第30、31、33課 で活用形Ⅲ、››第37課 で活用形Ⅱの作り方を学びました。この課では、活用形Ⅰについて学び、これを使った表現も学びましょう。

ここが要点 1 進行の「～ています」は Ⅰ-고 있어요で

動作の進行を表す表現を学びましょう。進行形「～ている」はⅠ-고 있다により表します。初めて活用形Ⅰが出てきたので、まずはその作り方をみておきましょう。

活用形Ⅰの作り方

例 **그리다**（描く）、**팔다**（売る）

❶ 基本形（○○다）を用意する。（例）**그리다、팔다**

❷ 基本形から-다をとった形がそのままⅠになる。（例）**그리-、팔-**

基本形から-다をとるだけですから、簡単ですね。では、これらにⅠ-고 있다（～ている）をつけてみましょう。

基本形	活用形 I	I -고 있다（〜ている）
그리다 描く	그리-	그리고 있다 描いて いる
팔다 売る	팔-	팔고 있다 売って いる

I -고 있다によりできた形が進行の基本形です。これを**해요体**にするには、文末の**있다**（いる）を**있어요**（います）にすればOKです。つまり、I -고 있어요（〜ています）という形になりますね（ちなみにこの形は日本語と同じように、「（いつも）〜ている」という習慣の意味を表すこともできます）。

그리고 있다 描いている ➡ **그리고 있어요** 描いています
팔고 있다 売っている ➡ **팔고 있어요** 売っています

● 하다 する、보다 見る

A：**지금 무엇을 하고 있어요?**
今、何をしていますか。

B：**유튜브를 보고 있어요.**
YouTubeを見ています。

過去形「〜ていた」は、**있다**（いる）を III -ㅆ다（〜た）により**있었다**（いた）に変えればOKです。文末を**해요体**にして、I -고 있었어요（〜ていました）の形で練習してみましょう。

그리고 있었다 描いていた ➡ **그리고 있었어요** 描いていました
팔고 있었다 売っていた ➡ **팔고 있었어요** 売っていました

A：**그때 무엇을 하고 있었어요？**

あのとき、何をしていましたか。

B：**넷플릭스로 '아는 형님'을 보고 있었어요.**

Netflixで「知ってるお兄さん」を見ていました。

※**아는 형님**：韓国の人気バラエティー番組。

マスターのコツ

この課までで3つの活用形の作り方の基本を一通り学びました。本書のp.259には、これまでに学んだ活用形の作り方を整理してあるので、ぜひ一度、目を通してみて下さい。

レベルアップコラム

進行の尊敬形は、Ⅰ－고　계시다（〜ていらっしゃる）という形を用います。この**해요体**はⅠ－고　계세요（〜ていらっしゃいます）、過去の**해요体**はⅠ－고　계셨어요（〜ていらっしゃいました）です。

할아버지는 방에서 그림을 그리고 계세요.

おじいさんは部屋で絵を描いていらっしゃいます。

할머니도 방에서 그림을 그리고 계셨어요.

おばあさんも部屋で絵を描いていらっしゃいました。

이분은 시장에서 야채를 팔고 계세요.

この方は市場で野菜を売っていらっしゃいます。

그분도 시장에서 과일을 팔고 계셨어요.

その方も市場で果物を売っていらっしゃいました。

ところで、**입다**（着る）や**벗다**（脱ぐ）、**안경을 쓰다**（眼鏡をかける）いった「着る・脱ぐ」系の動詞に I －**고 있다**（～ている）がつく場合には、一般に動作の進行よりは**結果の状態**、つまり「着ている（状態だ）」、「脱いでいる（状態だ）」、「眼鏡をかけている（状態だ）」という意味を表します。

왜 방 안에서 코트를 입고 있어요?
どうして部屋の中でコートを着ているんですか。〈状態〉

ここが要点 2

目の前の出来事に対する詠嘆は、I －네요で

詠嘆の表現「～ですねぇ、～ますねぇ」は、I －**네요**により表します。この詠嘆表現は、例えば、きれいな花を見たとき、（値段を聞いて）思っていたより高かったときなど、**目の前のものごと、目の前で起こっているできごと**に対する**瞬間的な心の動き**を表します。

● 예쁘다 きれいだ

꽃이 정말 예쁘네요. 花が本当にきれいですねぇ。

● 비싸다（値段が）高い

일본보다 많이 비싸네요. 日本よりかなり（←たくさん）高いですねぇ。

● 작다 小さい

방이 생각보다 작네요. 部屋が思っていたより小さいですねぇ。

● 잘하다 上手だ ➜ 잘하시다 お上手でいらっしゃる

일본어를 잘하시네요. 日本語が（←を）お上手でいらっしゃいますねぇ。

第42課

助数詞｜注意すべき助詞の用法

［助詞⑤］

「～階」や「～枚」といった助数詞と数詞の用法を紹介したあとで、日本語とはちょっと異なる助詞について整理します。

ここが要点 1 助数詞は、漢数詞につくか、固有数詞につくかに注意

数詞について様々な単位を表すことばを**助数詞**といいます。これまで›› 第25課 では年月日、›› 第26課 では時間の表現を学びましたが、この課では、さらに多様な表現を覚えましょう。助数詞を覚える際には、それが**漢数詞につくか、固有数詞につくか**を覚えることが重要です（時間の表現でも**～시**〔一時〕には固有数詞を、**～분**〔一分〕には漢数詞を使うのでした）。それぞれよく使われるものをあげておきましょう。

● 漢数詞につく助数詞

～주일 〔週日〕～週間	～개월 〔個月〕～か月	～층 〔層〕～階	～학년 〔学年〕～年生
～교시 〔校時〕～時限	～년생 〔年生〕～年生まれ	～호선 〔号線〕～号線 （地下鉄の路線名）	～번 〔番〕～番
～인분 〔人分〕～人分	～세 〔歳〕～歳	～원 ～ウォン	～엔 ～円

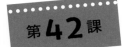

● 固有数詞につく助数詞

~개 〔個〕~個	~살 ~歳	~시간 〔時間〕~時間	~달 ~か月
~사람 ~人	~명 〔名〕~人	~분 ~方、~名様	~번 〔番〕~回
~장 〔張〕~枚	~마리 ~匹、頭、羽	~권 〔巻〕~冊	~병 〔瓶〕~本(ビン類)

一般的には順番について言うときには漢数詞を、数量についていうときには固有数詞を用います(あくまで使い分けの1つの目安です)。ここでは多くの助数詞を一気に示しましたが、これらは徐々に覚えればよいものです。必要なときはいつでもこのページを参照して下さい。

ここで少し数詞の補足をしておきましょう。まずは、100、1,000、10,000にあたる漢数詞を整理しておきます。

100	1,000	10,000
백	**천**	**만**

「一万」というとき、韓国語では**일**(一)を入れずに単に**만**(万)とだけいいます。例えば、「一万円」は**만 엔**です。また、固有数詞についても重要な点を1つだけ。»第26課で時間の表現を紹介したとき、1時から4時は、後に~**시**(時)がきたときに数詞の部分が特別な形に変わることを学びました(ここでは数詞と助数詞の間を分かち書きして示します)。

1時:한 **시** (하나 시×)　　2時:두 **시** (둘 시×)
3時:세 **시** (셋 시×)　　4時:네 **시** (넷 시×)
11時:열한 **시** (열하나 시×)　　12時:열두 **시** (열둘 시×)

このような変化は、実は～**시**（時）以外の助数詞がきた場合にも同様に起こります。加えて、ここでは「**20こ**」にあたる**스물**も助数詞の前で**스무**に変化することを知っておきましょう。

1歳　：**한 살**（**하나 살**×）　2時間：**두 시간**（**둘 시간**×）
3人　：**세 사람**（**셋 사람**×）　4人　：**네 명**（**넷 명**×）
11名様：**열한 분**（**열하나 분**×）　20回　：**스무 번**（**스물 번**×）
23歳　：**스물세 살**（**스물셋 살**×）

レベルアップコラム

固有数詞は日本語では「とお（10こ）」までしかカウントできませんが、韓国語ではなんと「99こ」まで数えることができます。次のような単語も知っておくと、（特に年齢を話題にするとき）役に立ちますよ。**서른**（30こ）**마흔**（40こ）**쉰**（50こ）**예순**（60こ）**일흔**（70こ）**여든**（80こ）**아흔**（90こ）
例：**서른 한 살**（31歳）　**쉰 다섯 살**（55歳）

A：**교실은 삼 층이에요?**　教室は3階ですか。
B：**아뇨. 삼 층이 아니에요. 사 층에 있어요.**
いいえ。3階ではありません。4階にあります。

이 티셔츠는 만오천 원이었어요.
このTシャツは1万5千ウォンでした。

한 달에 세 번은 도서관에 가요.
1か月に3回は図書館に行きます。

여기 참이슬 한 병하고 불고기 이 인분 주세요.
ここ、チャミスル1本とプルコギ2人分下さい。

ここが要点 2

日本語と異なる助詞は、後の動詞と一緒に整理

これまでに学んできたように日本語と韓国語は類似した助詞を多く持ちます。しかし、そこはやはり外国語。**中には日本語とは異なる助詞の用法もみられます**。こうした違いは、特に～**을/를**（～を）という助詞に多いのですが、下に示す表現をそのまま覚えておくと便利です。日本語訳との対応に気をつけて覚えましょう。

-을/를 만나다 ～に（←を）会う
-을/를 타다 ～に（←を）乗る
-을/를 좋아하다[싫어하다] ～が（←を）好きだ/好む[嫌いだ/嫌う]
-을/를 잘하다[못하다] ～が（←を）上手だ[下手だ]
-을/를 가다 ～に（←を）行く

※**낚시**（釣り）、**쇼핑**〔shopping〕（買物）、**여행**〔旅行〕（旅行）、**등산**〔登山〕（登山）、**유학**〔留学〕（留学）など動作を表す名詞につく。

-이/가 되다 ～に（←が）なる

A：**단발머리를 좋아하세요?**
아니면 긴 머리를 좋아하세요?
ボブが（←を）お好きですか。それともロングが（←を）お好きですか。

B：**저는 단발머리를 더 좋아해요.**
わたくしはボブが（←を）（もっと）好きです。

A：**오늘 오후에 무엇을 해요?**
今日の午後（に）何をしますか。

B：**어머니하고 같이 마트에 쇼핑을 가요.**
母と一緒に（大型）スーパーに買い物に（←を）行きます。

第43課

～たいです ［希望］ ｜ ～つもりです、～でしょう ［意志、推量］

希望や意志、推量の表現を学びましょう。

ここが要点 1

Ⅰ-고 싶어요で希望を伝えよう

希望の表現「～たい」は、Ⅰ-고 싶다により表します。この**해요体**、つまり「～たいです」は、Ⅰ-고 싶어요になります（この表現は１つ１つの意味をあまり考えずにそのまま覚えてしまいましょう）。

● 가다 行く

A：**내일은 어디에 가고 싶어요?**

明日はどこに行きたいですか。

B：**경복궁에 가고 싶어요.**
아, COEX(코엑스)에도 가고 싶어요.

景福宮に行きたいです。あ、COEXにも行きたいです。

※**경복궁**：ソウルにある朝鮮王朝（李氏朝鮮時代）の王宮。
※COEX：ソウルにある巨大地下ショッピングモール。

ところで、日本語では希望の表現を作るとき、「パン**を/が**食べたい」、「写真**を/が**撮りたい」のように動詞の目的語には「～を」だけでなく、「～が」が用いられることも多いですが、韓国語では-을/를 Ⅰ-**고 싶어요**（←～を～たいです）のように**「～を」にあたる助詞を多く用います。**

● 사다 買う

A：**무엇을 사고 싶어요?**

何を/が買いたいですか。

B：**파리바게뜨에서 잡채 고로케를 사고 싶어요.**

パリバゲットでチャプチェコロッケを/が買いたいです。

※**파리바게뜨**(PARIS BAGUETTE)：韓国で人気のパンのチェーン店。

● 사진을 찍다〔写真ー〕写真を撮る

A：**여기에서 사진을 찍고 싶어요.**

ここで写真を/が撮りたいです。

B：**그럼 제가 찍을까요?**

じゃあ、わたくしが撮りましょうか。

マスターのコツ

一般に韓国語話者は、年齢を話題にすることが多いようです。それは相手に対する好奇心を示すためでもありますが、相手をどのようによび、どのような言葉遣いをするかを決めるためでもあります。例えば、相手との年齢差を意識したよび方には、次のようなものがあります。これらの多くは親族名称がもとになっていますが、血縁関係にない相手にも親しみを込めて使える表現なので、覚えておくと便利ですよ。

형 （男性からみた）お兄さん、年上の男性	**누나** （男性からみた）お姉さん、年上の女性
오빠 （女性からみた）お兄さん、年上の男性	**언니** （女性からみた）お姉さん、年上の女性
선배(님) 〔先輩(-)〕先輩	**동생** 〔同生〕年下のきょうだい、後輩

ここが要点

2 意志や推量に便利な Ⅱ-ㄹ 거예요

様々な場面で使える便利な表現、Ⅱ-ㄹ 거예요を紹介しましょう。この表現は、意志や推量の用法を持ち、主語によって意味を使い分けます。なお、いずれの意味の場合も発音は［ㄹ 꺼에요］となることに注意しましょう。

（1）意志を表す場合

主語が１人称（わたし〈たち〉）の場合は、「～つもりです」と話し手/書き手の意志を述べる表現になります。また、主語が２人称（あなた〈たち〉）の場合には、疑問文で用いられて「～つもりですか」と相手の意志を尋ねる表現になります。

● 타다 乗る

A：버스를 탈 거예요?

バスに（←を）乗るつもりですか。〈意志〉

B：아뇨. 택시를 탈 거예요.

いいえ。タクシーに（←を）乗るつもりです。〈意志〉

● 있다 いる、기다리고 있다 待っている

A：어디에 있을 거예요?

どこにいるつもりですか。〈意志〉

B：학생들하고 학교에서 기다리고 있을 거예요.

学生たちと学校で待っているつもりです。〈意志〉

(2)推量を表す場合

主語が3人称(わたし〈たち〉、あなた〈たち〉以外)の場合は、「～でしょう、～と思います」という推量の表現になります。過去の出来事に対する推量「～たでしょう」は、過去の基本形 Ⅲ－**ㅆ다**(～た)に Ⅱ－**ㄹ 거예요**をつけます(つまり、Ⅲ－**ㅆ을 거예요**という形になります)。

例：**가다**(行く)→ **갔다**(行った)→ **갔을** 거예요(行ったと思います)

갔다のⅡは**갔으**－

● 맛있다 おいしい

A：**이 소고기덮밥 맛있을까요?**

この牛丼、おいしいでしょうか。

B：**네. 정말 맛있을 거예요.**

はい。本当においしいと思いますよ。〈推量〉

● 도착하다〔到着－〕着く、到着する ➜ 도착했다〔到着－〕着いた、到着した

A：**손님이 도착했을까요※?**

お客さん(が)着いたでしょうか。

B：**네. 이제 도착했을 거예요.**

はい。もう着いたと思いますよ。〈推量(過去)〉

※**도착했다**(着いた)のⅡ－**ㄹ까요?** ～でしょうか〈推量(過去)〉。

第44課

～てもよいです、～てはいけません ［許可、不許可］ ｜ ～なければなりません ［義務］

許可や不許可、義務の表現を学びましょう。

ここが要点 1 許可、不許可の表現はペアで覚えよう

許可の表現「～てもよい」、不許可の表現「～てはいけない」を整理しましょう。

	許可	不許可
基本形	Ⅲ-도 되다 ～てもよい	Ⅱ-면 안 되다 ～てはいけない
해요体	Ⅲ-도 돼요 ～てもよいです	Ⅱ-면 안 돼요 ～てはいけません

● 들어가다 入る

A：이 방에 들어가도 돼요?

この部屋に入ってもよいですか。〈許可〉

B：네. 들어가도 돼요.

はい。入ってもよいです。〈許可〉

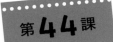

● 담배를 피우다 たばこを吸う

A：여기에서 담배를 피워도 돼요?

ここでたばこを吸ってもよいですか。〈許可〉

B：아뇨. 여기에서는 피우면 안 돼요.

いいえ。ここでは吸ってはいけません。〈不許可〉

● 먹다 食べる

A：젓가락으로 밥을 먹으면 안 돼요?

箸でご飯を食べてはいけませんか。〈不許可〉

B：아뇨. 젓가락으로 먹어도 돼요.

いいえ。箸で食べてもよいです。〈許可〉

目上の人に対する許可や不許可の表現には、Ⅱ－셔도 돼요（お～になっても結構〈よい〉です）、Ⅱ－시면 안 돼요（お～になってはいけません）という形を用います。これは、尊敬の基本形であるⅡ－시다（～〈ら〉れる、お～になる）にⅢ－도 돼요（～てもよいです）、Ⅱ－면 안 돼요（～てはいけません）がついた形です。

● 들어가다 入る ➜ 들어가시다 お入りになる

A：이 방에 들어가도 돼요? この部屋に入ってもよいですか。〈許可〉

B：네. 들어가셔도 돼요.

はい。お入りになっても結構です。〈許可（尊敬）〉

● 피우다 吸う ➜ 피우시다 お吸いになる

A：여기에서 담배를 피워도 돼요?

ここでたばこを吸ってもよいですか。〈許可〉

B：아뇨. 여기에서는 피우시면 안 돼요.

いいえ。ここではお吸いになってはいけません。〈不許可（尊敬）〉

レベルアップコラム

Ⅱ－면 돼요と言うと、「〜ばよいです」という意味になります。

이 길을 쭉 가면 돼요. この道をまっすぐ行けばよいです。

ところで、»第38課で学んだように**먹다**（食べる）は**드시다**（召し上がる）、**있다**（いる）は**계시다**（いらっしゃる）など、特別な尊敬形を持ちます。これらには直接、Ⅲ－도 돼요（〜てもよいです）、Ⅱ－면 안 돼요（〜てはいけません）をつけることができます。

● 드시다 召し上がる

A：**젓가락으로 밥을 먹으면 안 돼요?**
箸でご飯を食べてはいけませんか。〈不許可〉

B：**아뇨. 젓가락으로 드셔도 돼요.**
いいえ。箸で召し上がっても結構です。〈許可（尊敬）〉

ここが要点 2 義務の表現はⅢ－야 돼요／해요で

義務の表現「〜なければならない」は、Ⅲ－야 되다／하다により表します。**되다**と**하다**はどちらを使っても構いません。この**해요体**は、Ⅲ－야 돼요／해요（〜なければなりません）になります。

● 하다 する、내다 出す

A：**이 숙제는 언제까지 해야 돼요?**

この宿題はいつまでにしなければなりませんか。

B：**내일까지 내야 돼요.** 明日までに出さなければなりません。

レベルアップコラム

››第38課 で「～まで」にあたる助詞が－**까지**であることを学びました。これは**5시부터 7시까지**（5時から7時まで）のような範囲のほかにも、**7시까지**（7時までに）のように期限を表す助詞としても使えるので知っておくと便利です（**7시까지에 ×**という表現は使えないので、注意しましょう）。

● 전화하다〔電話－〕電話する

A：**회사에 전화해야 해요.** 会社に電話しなければなりません。

B：**벌써 여덟 시예요. 메일로 보내면 안 될까요?**

もう8時です。メールで送ってはいけないでしょうか。

目上の人に対する義務の表現には、Ⅱ－**셔야 돼요/해요**（お～にならなければなりません）という形を用います。これは、尊敬の基本形であるⅡ－**시다**（～〈ら〉れる、お～になる）にⅢ－**야 돼요/해요**（～なければなりません）がついた形です。

● 내다 出す ➜ 내시다 お出しになる

A：**이 서류는 언제까지 내셔야 돼요?**

この書類はいつまでにお出しにならなければなりませんか。〈義務（尊敬）〉

B：**내일까지 내야 돼요.** 明日までに出さなければなりません。〈義務〉

今週のチャレンジ⓫

第41～44課

※第42課の問題はありません。

第41課の問題

1 2つの会話を組み立ててみましょう。 ›› ここが要点❶

例 **집에서 BTS 노래를 듣다** 家でBTSの歌を聞く

①

A：**지금 무엇을 하고 있어요?** 今、何をしていますか。

B：**집에서 BTS 노래를 듣고 있어요.**

家でBTSの歌を聞いています。

②

A：**그때 무엇을 하고 있었어요?** あのとき、何をしていましたか。

B：**집에서 BTS 노래를 듣고 있었어요.**

家でBTSの歌を聞いていました。

やってみよう

❶ **메일을 쓰다** 〔mail－〕メールを書く

❷ **거리를 걷다** 通りを歩く

❸ **어머니하고 이야기하다** 母と話す

WEEK▼

2 会話を組み立ててみましょう。 >>ここが要点❷

例 **부대찌개가 없다**〔部隊－〕部隊チゲがない

※**부대찌개**：部隊チゲ。キムチ、野菜、豆腐に加えてソーセージ、スパムなどが入った鍋料理。朝戦戦争後に米軍から流れてきた食材を入れて作ったことから、このような名前がついたと言われる。

A：**부대찌개가 없네요.** 部隊チゲがないですねぇ。

B：**네. 정말 없네요.** はい。本当にないですねぇ。

やってみよう

❶ **문제가 쉽다**〔問題－〕問題が易しい

❷ **옷이 예쁘다** 服がかわいい

❸ **맛이 괜찮다** 味が悪くない（←大丈夫だ）

❹ **값이 비싸다** 値段が高い

❺ **음식이 많이 남았다**〔飲食－〕
食べ物がたくさん残っている（←残った）

●解答

［第41課］ **1** ❶① **B**：메일을 쓰고 있어요. ② **B**：메일을 쓰고 있었어요. ❷① **B**：거리를 걷고 있어요. ② **B**：거리를 걷고 있었어요. ❸① **B**：어머니하고 이야기하고 있어요. ② **B**：어머니하고 이야기하고 있었어요. **2** ❶ **A**：문제가 쉽네요. **B**：네. 정말 쉽네요. ❷ **A**：옷이 예쁘네요. **B**：네. 정말 예쁘네요. ❸ **A**：맛이 괜찮네요. **B**：네. 정말 괜찮네요. ❹ **A**：값이 비싸네요. **B**：네. 정말 비싸네요. ❺ **A**：음식이 많이 남았네요. **B**：네. 정말 많이 남았네요.

WEEK 11

第43課の問題

会話を組み立ててみましょう。 ›› ここが要点❶❷

例 **어느 프로그램을 보다** 〔－program－〕どの番組を見る
뮤직뱅크를 보다 〔music-bank－〕
ミュージックバンク（音楽番組）を見る

A：**어느 프로그램을 볼 거예요?**
どの番組を見るつもりですか。

B：**뮤직뱅크를 보고 싶어요.**
ミュージックバンクが（←を）見たいです。

やってみよう

❶ **무엇을 사다** 何を買う
가방하고 신발을 사다 カバンと靴を買う

❷ **어디에 가다** どこに行く
이태원에 가다 〔梨泰院－〕梨泰院に行く

❸ **누구를 만나다** 誰に（←を）会う
오빠를 만나다
（女性からみた）兄、年上の男性に（←を）会う

❹ **무엇을 먹다** 何を食べる
치즈닭갈비를 먹다 チーズタッカルビを食べる

第44課の問題

1 会話を組み立ててみましょう。 ›› ここが要点❶

例 **이 의자에 앉다** 〔－椅子－〕この椅子に座る

A：**이 의자에 앉아도 돼요?**
この椅子に座ってもよいですか。〈許可〉

B：**아뇨. 앉으시면 안 돼요.**

いいえ。お座りになってはいけません。〈不許可(尊敬)〉

やってみよう

❶ **저 기차를 타다** 〔－汽車－〕あの特急列車に(←を)乗る
❷ **이 구두를 신다** この革靴を履く
❸ **밖에서 밥을 먹다** 外でご飯を食べる

2 会話を組み立ててみましょう。

›› ここが要点❷

例 **열쇠를 돌려주다** 鍵を返す

A：**언제까지 열쇠를 돌려줘야 돼요?**

いつまでに鍵を返さなければなりませんか。〈義務〉

B：**내일까지 돌려주셔야 돼요.**

明日までにお返しにならなければなりません。〈義務(尊敬)〉

やってみよう

❶ **메일을 보내다** 〔mail－〕メールを送る
❷ **서류를 받다** 〔書類－〕書類をもらう
❸ **담당자에게 연락하다** 〔担当者－連絡－〕担当者に連絡する

●解答

［第43課］ ❶ A：무엇을 살 거예요? B：가방하고 신발을 사고 싶어요. ❷ A：어디에 갈 거예요? B：이태원에 가고 싶어요. ❸ A：누구를 만날 거예요? B：오빠를 만나고 싶어요. ❹ A：무엇을 먹을 거예요? B：치즈닭갈비를 먹고 싶어요.

［第44課］ 1 ❶ A：저 기차를 타도 돼요? B：아뇨. 타시면 안 돼요. ❷ A：이 구두를 신어도 돼요? B：아뇨. 신으시면 안 돼요. ❸ A：밖에서 밥을 먹어도 돼요? B：아뇨. 드시면 안 돼요. 2 ❶ A：언제까지 메일을 보내야 돼요? B：내일까지 보내셔야 돼요. ❷ A：언제까지 서류를 받아야 돼요? B：내일까지 받으셔야 돼요. ❸ A：언제까지 담당자에게 연락해야 돼요? B：내일까지 연락하셔야 돼요.

第45課

～ています［状態］｜接続詞

もう1つの「～ている」の表現、接続詞について学びましょう。

ここが要点 1 状態の「～ています」は Ⅲ－φ있어요で

›› 第41課 で Ⅰ－**고 있다**（～ている）という表現を学びましたが、これは動作の進行を表す表現でした。一方で「立っている」や「座っている」など状態を表す「～ている」は、Ⅲ－φ **있다**により表します（φは、Ⅲと**있다**の間で分かち書きすることを意味します）。例をみてみましょう。

서다 立つ	**서 있다** 立って いる〈状態〉	**서 있어요** 立って います
앉다 座る	**앉아 있다** 座って いる〈状態〉	**앉아 있어요** 座って います

上の例は、「今立ち上がっている最中だ」、「今座っている最中だ」という〈進行〉ではなく、「もう立っている状態だ」、「もう座っている状態だ」という〈状態〉の用法ですね。ですから、**서고 있다×**、**앉고 있다×**のような Ⅰ－**고 있다**（～ている〈進行〉）による表現は作れないので、気をつけましょう。

それからこの過去形「～ていた」は、**있다**（いる）を Ⅲ－ㅆ다（～た）により**있었다**（いた）に変えればOKです。**해요体**と一緒に作ってみましょう。

서 있었다 立って いた	서 있었어요 立って いました
앉아 있었다 座って いた	앉아 있었어요 座って いました

● 열리다 開く

문이 열려 있어요. 닫을까요?

ドアが開いています。閉めましょうか。

● 떨어지다 落ちる

아, 저기에 볼펜이 떨어져 있네요.

あ、あそこにボールペンが落ちていますねぇ。

レベルアップコラム

〈状態〉の「～ている」を尊敬にする場合は、Ⅲ－φ 계시다（～ていらっしゃる）という形を用います。**해요体**は Ⅲ－φ 계세요（～ていらっしゃいます）、過去の**해요体**は Ⅲ－φ 계셨어요（～ていらっしゃいました）です。

서 계세요. 立っていらっしゃいます。
서 계셨어요. 立っていらっしゃいました。
앉아 계세요. 座っていらっしゃいます。
앉아 계셨어요. 座っていらっしゃいました。

ここが要点 2

接続詞を使って文と文をつなげよう

これまでは比較的短い文の作り方を学んできました。もうすでに色々なことが言えるようになりましたが、これらの文と文をつなげるときに接続詞をうまく使うと効果的です。いくつか紹介しましょう。

そして	それで	ところで/でも	だから	それなら
그리고	그래서	그런데	그러니까	그러면

※上の日本語訳はあくまで一例です。文脈に応じて適切な訳を考えるようにしましょう。

이것은 허니버터 아몬드예요. 그리고 그것은 빼빼로예요.

これはハニーバターアーモンドです。そして、それはペペロです。

※**빼빼로**：ポッキーに似た韓国のお菓子。

돈이 없었어요. 그래서 은행에 갔어요.

お金がありませんでした。それで、銀行に行きました。

내일은 일요일이에요. 그런데 회사에 가야 돼요.

明日は日曜日です。でも、会社に行かなければなりません。

이 가게는 늘 손님이 많아요.
그러니까 빨리 줄을 서세요.

この店はいつもお客さんが多いです。だから、早く列に並んで下さい(←列を立って下さい)。

A：**한국 음식을 먹고 싶어요.**

韓国料理が(←を)食べたいです。

B：**그러면 신오쿠보에 가세요. 한국 식당이 많아요.**

それなら、新大久保に行って下さい。韓国の食堂が多いです。

マスターのコツ

本書の学習もそろそろ終わりが近づいてきました。>> 第45、46、47課 では、これまでに学んできたことを整理しておきましょう。まず、この課では助詞をまとめます。**子音終わり体言、母音終わり体言で異なる助詞がつく**場合に特に注意しましょう。

			子音終わり体言	母音終わり体言	初出の課
1	～は		-은	-는	[22]
2	～が		-이	-가	[22]
3	～も		-도		[27]
4	～と		-하고		[27]
5	～で	～場所	-에서		[32]
6	～を		-을	-를	[32]
7	～に	とき	-에		[32]
8		場所			[32]
9		人・動物	-에게		[32]
10	～から～まで	場所	-에서 -까지		[38]
11		とき	-부터 -까지		[38]
12	～で	手段・道具	-으로	-로	[38]

注意

2 「わたくしが」は제가、「わたしが、僕が」は내가、「誰が」は누가になります。

9 「～〈人・動物〉に」は、話しことばでは-에게のほかに-한테も用いられます。

12 ㄹで終わる体言には、（母音終わり体言と同じ）-로がつきます。

第46課

～て下さい、～ないで下さい
［お願いと指示、禁止の指示］

～(です)よね、～(ます)よね
［確認、同意］

お願いや指示、禁止の指示の表現を学びましょう。また、確認や同意の表現も紹介します。

ここが要点 1 「～て下さい」は〈お願い〉か〈指示〉かで使い分けよう

日本語の「～て下さい」は、「お金を貸して下さい」のようにお願いをする場合、「明日は早く来て下さい」のように指示をする場合に使われますね。一方、韓国語ではお願いの場合は Ⅲ－φ주세요（～て下さい）、指示の場合は Ⅱ－세요（～て下さい：尊敬の**해요体**〈命令形〉 ›› 第 37 課）のように異なる表現が用いられます。

お願いは自分のために何かを頼むとき、指示は（何か必要があったり、ルールに従うため）丁寧に命令するときと考えるとわかりやすいでしょう。

● 사진을 찍다〔写真－〕写真を撮る

A：**사진을 찍어 주세요.**
写真を撮って下さい。〈お願い：Ⅲ－φ주세요〉

B：**네. 좋아요. 저 빌딩하고 같이 찍을까요?**
はい。いいですよ。あのビルと一緒に撮りましょうか。

● 오다 来る

A：내일은 아홉시 반까지 꼭 오세요.

明日は9時半までに必ず来て下さい。〈指示：Ⅱ −세요〉

B：네. 알겠습니다.

はい。わかりました。

ところで、禁止の指示表現「～ないで下さい」は、Ⅰ－지 마세요により表します。

● 통화하다〔通話−〕電話する、通話する

A：여기에서 통화해도 돼요?

ここで電話をしてもいいですか。

B：아뇨. 여기에서는 통화하지 마세요.

いいえ。ここでは電話しないで下さい。

● 드시다 召し上がる

A：고기만 드시지 마세요. 야채도 드셔야 돼요.

肉ばかり召し上がらないで下さい。野菜も召し上がらなければなりません。

B：네. 저도 야채를 먹고 싶었어요.
야채도 좀 주문해 주세요.

はい。わたくしも野菜が(←を)食べたかったです。

野菜もちょっと注文して下さい。

マスターのコツ

「〜ないで下さい」という表現には否定が入っているので、≫第34課 で学んだ否定形 **안** 〜（否定形：短い形）を使って、**안 가세요.** のように言いたくなるかもしれません。しかしこれは「行かれません」（否定＋尊敬）という意味にはなっても、「行かない で下さい」という意味にはならないので、注意しましょう（禁止の指示の場合は、**가지 마세요.** という表現を使うのでしたね）。

ここが要点 2 確認、同意の表現は Ⅰ-지요？

確認や同意を求める表現、「〜（です）よね、〜（ます）よね」は、Ⅰ-지요？（話しことばでは、Ⅰ-죠？）により表します。

● 배가 고프다 お腹が空いている

A：**배가 고프지요? 많이 드세요.**

お腹が空いていますよね。たくさん召し上がって下さい。

B：**우와, 이 요리 다 먹어도 돼요? 고마워요.**

わぁ、この料理、全部食べてもいいんですか。ありがとうございます。

● 끝나다 終わる ➜ 끝났다 終わった

A：**이제 수업이 끝났죠?**

もう授業が終わりましたよね。

B：**아뇨. 아직 안 끝났어요.**

いいえ。まだ終わっていません。

マスターのコツ

用言の活用の復習をしましょう。用言を活用させる際には、**3つの活用形**を正しく作れるようになることが最も重要です。

基本形	活用形Ⅰ［第41課］	活用形Ⅱ［第37課］		活用形Ⅲ［第30、31、33課］	
		-다の前が母音終わり	-다の前が子音終わり	-다の前の母音がㅏ、ㅗ	-다の前の母音がㅏ、ㅗ以外
辞書に登録されている形（-다で終わる）	基本形から-다を取った形	基本形から-다を取った形（活用形Ⅰと同じ）	活用形Ⅰに-으-をつけた形	活用形Ⅰに-아-をつけた形	活用形Ⅰに-어-をつけた形
보다 見る	**보-**	**보-**		**봐-**（←보아-）［第31課］	
찾다 探す	**찾-**		**찾으-**	**찾아-**［第30課］	
가다 行く	**가-**	**가-**		**가-**（←가아-）［第33課］	
배우다 習う	**배우-**	**배우-**			**배워-**（←배우어-）［第31課］
입다 着る	**입-**		**입으-**		**입어-**［第30課］
하다 する	**하-**	**하-**		**해-**［第33課］	

第47課

～てみます｜～ますね

［試み］　［約束、宣言］

「(試しに)～てみる」という表現、「～ますね」と約束・宣言をする表現を学びましょう。

ここが要点 1 「～てみる」は、日本語と同じ発想で Ⅲ-φ보다

試みの表現「～てみる」は、Ⅲ-φ보다により表します。日本語と同じく**보다**(見る)を使うので覚えやすいですね。

● 드시다 召し上がる

A：**이 치즈 핫도그를 드셔 보세요. 맛있어요.**

このチーズホットドッグを召し上がってみて下さい。おいしいですよ。

B：**정말 맛있네요. 어디에서 사셨어요?**

本当においしいですねぇ。どこで買われたんですか。

● 읽다 読む

A：**그 소설책 읽어 봤어요?**

(例の)あの小説(の本)、読んでみましたか。

B：**아뇨. 아직 못 읽어 봤어요.**

いいえ。まだ読めていません(←読んでみることができませんでした)。

※発音は［**몬닐거봐써요／모딜거봐써요**］。

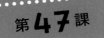

レベルアップコラム

活用形Ⅲを使った表現には日本語と類似したものが多くあります。こうした表現はまとめて覚えておきたいですね。

- Ⅲ −φ놓다 / 두다 〜ておく〈準備、用意〉

주말에 부산에 가요.
그래서 비행기 표를 사 놓았어요.

週末に釜山に行きます。それで、飛行機のチケットを買っておきました。

- Ⅲ −φ오다 / 가다 〜てくる / いく〈移動、継続〉

지금까지 영어를 팔년 이상 공부해 왔어요.

今まで英語を8年以上、勉強してきました。

- Ⅲ −φ주다 〜てあげる / くれる〈行為の授受〉

여자친구에게 꽃을 사 줬어요.

彼女に花を買ってあげました。

- Ⅲ −φ드리다 〜てさしあげる〈行為の授受（謙譲）〉

선생님께는 삼계탕을 주문해 드렸어요.

先生にはサムゲタンを注文してさしあげました。

※助詞 −**께**は、−**에게**（〜〈人〉に ›› 第32課）の謙譲の形。

ここが要点 2 約束の「〜ますね」はⅡ −ㄹ게요で

約束・宣言の表現「〜ますね」は、Ⅱ −ㄹ게요により表します。なお、この発音は［ㄹ께요］となるので注意しましょう。

● 가다 行く

A：이 시간에는 길이 막혀요.
그러니까 택시를 타지 마세요.

この時間には道が混みます。だから、タクシーに（←を）乗らないで下さい。

B：아, 그래요? 그럼 지하철로 갈게요.

あ、そうですか。じゃあ、地下鉄で行きますね。

● 공부하고 있다〔工夫−〕勉強している

A：여보세요. 지금 명동에 있어요.
한 시간 정도 더 걸려요.

もしもし。今明洞にいます。1時間ぐらい（もっと）かかります。

B：괜찮아요. 도서관에서 공부하고 있을게요.

大丈夫です。図書館で勉強していますね。

マスターのコツ

本書で学んだ様々な表現を整理します。どの活用形とどの語尾類が結びつくかをしっかり覚えましょう（※右の［数字］は初出の課を表します）。

● 活用形 Ⅰ につく語尾類

Ⅰ-고 있다（〜ている：進行）［41］

Ⅰ-네요（〜ですねぇ、〜ますねぇ：詠嘆）［41］

Ⅰ-고 싶다（〜たい：希望）［43］

Ⅰ-지 마세요（〜ないで下さい：禁止の指示）［46］

Ⅰ-지요?（〜〈です〉よね、〜〈ます〉よね：確認、同意）［46］

Ⅰ-지 않다（〜ない：否定形〈長い形〉）［48］

Ⅰ-잖아요（〜じゃないですか：確認）［48］

Ⅰ-지 못하다（〜できない：不可能形〈長い形〉）［48］

Ⅰ-거든요（〜んですよ：根拠）［48］

● 活用形 Ⅱ につく語尾類

Ⅱ -시다（～でいらっしゃる、～〈ら〉れる：尊敬形）[37]

Ⅱ -세요（～でいらっしゃいます、～〈ら〉れます：尊敬の**해요体**）[37]

Ⅱ -셨다（～でいらっしゃった、～〈ら〉れた：尊敬の過去形）[39]

Ⅱ -ㄹ까요?（～ましょうか：勧誘、申し出、～でしょうか：推量）[40]

Ⅱ -려고 하다（～ようと思う：意図）[40]

Ⅱ -려고요（～ようと思いまして：意図）[40]

Ⅱ -ㄹ 거예요（～つもりです：意志、～でしょう、～と思います：推量）[43]

Ⅱ -면 안 되다（～てはいけない：不許可）[44]

Ⅱ -세요（～て下さい：指示）[46]

Ⅱ -ㄹ게요（～ますね：約束、宣言）[47]

● 活用形 Ⅲ につく語尾類

Ⅲ -요（～です〈か〉、～ます〈か〉：**해요体**）[30, 31, 33]

Ⅲ -ㅆ다（～た：過去形）[35, 36]

Ⅲ -ㅆ어요（～でした〈か〉、～ました〈か〉：過去の**해요体**）[35, 36]

아직 안 Ⅲ -ㅆ다（まだ～なかった：未完了）[35]

아직 못 Ⅲ -ㅆ다（まだ～できなかった：未完了）[35]

Ⅲ -도 되다（～てもよい：許可）[44]

Ⅲ -야 되다/하다（～なければならない：義務）[44]

Ⅲ -φ있다（～ている：状態）[45]

Ⅲ -φ주세요（～て下さい：お願い）[46]

Ⅲ -φ보다（～てみる：試み）[47]

안 ～（～ない：否定形〈短い形〉）[34]

못 ～（～できない：不可能形〈短い形〉）[34]

第48課

～ない、～できない ｜ ～んですよ

［否定形／不可能形② 〈長い形〉］　［根拠］

いよいよ最後の課です。この課では、もう１つの否定形、不可能形と根拠の「～んですよ」という表現を学びましょう。

ここが要点 1 もう１つの否定形、不可能形は、少し長めの形

›› 第 34 課 で否定形と不可能形を学びました。これは用言の前に안や못をおくだけのシンプルで短い形でした。

ところで、韓国語にはもう１つの否定形、不可能形が存在します。これは用言の後におくものなのですが、本書では長い形とよぶことにしましょう。**短い形は話しことばで多用**されるのに対して、**長い形は話しことば、書きことばで、ともに**用いられます。

	～ない 否定形〈長い形〉	～できない 不可能形〈長い形〉
基本形	**Ⅰ-지 않다** ～ない	**Ⅰ-지 못하다** ～できない
해요体	**Ⅰ-지 않아요** ～ません	**Ⅰ-지 못해요** ～できません

※**-지 못하다**は［**지모타다**］、**-지 못해요**は［**지모태요**］と発音されるので、注意しましょう（激音化 ›› 第 15 課）。

	基本形	해요体
보다 見る	보지 않다 見 ない	보지 않아요 見 ません
	보지 못하다 見 られない	보지 못해요 見 られません
잊다 忘れる	잊지 않다 忘れ ない	잊지 않아요 忘れ ません
	잊지 못하다 忘れ られない	잊지 못해요 忘れ られません
가다 行く	가지 않다 行 かない	가지 않아요 行 きません
	가지 못하다 行 けない	가지 못해요 行 けません

저는 이 영화를 보지 않아요. [보다(見る)]
わたくしはこの映画を見ません。

아직도 그 사람을 잊지 못해요. [잊다(忘れる)]
いまだにあの人(のこと)を忘れられません。

過去形は、Ⅰ-**지 않았다**(~なかった)、Ⅰ-**지 못했다**(~できなかった)により表します。例をみてみましょう。

어제도 전화를 받지 않았아요. [받다(受け取る)]
昨日も電話に出ませんでした(←電話を受け取りませんでした)。

작년에는 여행을 가지 못했어요. [가다(行く)]
昨年(に)は旅行に(←を)行けませんでした。

レベルアップコラム

前ページであげた4つの例文は短い形で書くと、次のようになります。

저는 이 영화를 안 봐요.
わたくしはこの映画を見ません。

아직도 그 사람을 못 잊어요.
いまだにあの人(のこと)を忘れられません。

어제도 전화를 안 받았어요.
昨日も電話に出ませんでした(←電話を受け取りませんでした)。

작년에는 여행을 못 갔어요.
昨年(に)は旅行 に(←を)行けませんでした。

短い形は**해요**体の前に**안**や**못**をおくだけなので、やはり作るのが楽ですね。はじめのうちは短い形で言えれば十分ですが、慣れてきたら徐々に長い形も使うようにしていきましょう。

ところで、長い否定形を疑問形にすると、**Ⅰ-지 않아요?**(～ませんか)となります。この形は話しことばでは、**Ⅰ-잖아요?**という縮約形を持ち、この場合は「～じゃないですか」という**確認**の意味を持ちます。

가지 않아요? 行きませんか。〈否定の疑問〉

가잖아요? 行くじゃないですか。〈確認〉

ここが要点 2

根拠の「～んですよ」は、I －거든요

その場の状況や前に述べたことへの根拠の表現「～んですよ」は、I－거든요により表します。この発音は［거든뇨］となるので注意しましょう。

● 빠르다 早い

네이버에서 검색해 보세요.
그것이 제일 빠르거든요.

NAVERで検索してみて下さい。それが一番早いんですよ。

※**네이버**（NAVER）：韓国の大手ポータルサイト。

● 친구 생일이다〔親旧 生日－〕友達の誕生日だ

A：**왜 이렇게 초콜릿을 많이 사셨어요?**

なぜこんなにチョコレートをたくさん買われたんですか。

B：**내일이 친구 생일이거든요.**
그래서 케이크를 만들어 보려고요.

明日が友達の誕生日なんですよ。それで、ケーキを作ってみようと思いまして。

● 감기에 걸리다〔感気－〕風邪をひく（←風邪にかかる）
➜ 감기에 걸렸다〔感気－〕風邪をひいた（風邪にかかった）

A：**어제 하루종일 집에 있었어요?**

昨日、一日中家にいたんですか。

B：**네. 감기에 걸렸거든요. 힘들었어요.**

はい。風邪をひいたんですよ（←風邪にかかったんですよ）。つらかったです。

WEEK▼ WEEK12

今週のチャレンジ⑫

第45～48課

解答➡ p.271

第45課の問題

状態の「～ています」という文を作ってみましょう。 ≫ここが要点❶

例 **사람이 문 앞에 서다**〔－門－〕人がドアの前に立つ

사람이 문 앞에 서 있어요. 人がドアの前に立っています。

やってみよう

❶ **친구가 의자에 앉다**〔親旧－椅子－〕友達が椅子に座る
❷ **케이팝에 빠지다**〔K-POP－〕K-POPにハマる
❸ **지갑이 바닥에 떨어지다**〔紙匣－〕財布が床に落ちる

第46課の問題

1 会話を組み立ててみましょう。 ≫ここが要点❶

例 **맛집을 가르치다** おいしいお店を教える

A：**맛집을 가르쳐 주세요.** おいしいお店を教えて下さい。
B：**네. 좋아요.** はい。いいですよ。

やってみよう

❶ **창문을 열다**〔窓門－〕窓を開ける
❷ **메일 주소를 알리다**〔mail 住所－〕
メールアドレスを教える（知らせる）
❸ **돈을 내다** お金を出す（払う）

2 会話を組み立ててみましょう。

>>ここが要点❷

例 **친구가 많았다** 〔親旧－〕友達が多かった

A：**친구가 많았죠?** 友達が多かったですよね。

B：**네. 많았어요.** はい。多かったです。

やってみよう

❶ **스마트폰을 샀다**〔smartphone －〕スマートフォンを買った

❷ **사람이 많이 없었다** 人がたくさんいなかった

❸ **여기에 쓰레기를 버렸다** ここにごみを捨てた

第47課の問題

1 会話を組み立ててみましょう。

>>ここが要点❶

例 **수제 맥주를 마시다** 〔手製 麦酒－〕クラフトビールを飲む

A：**수제 맥주를 마셔 봤어요?**

クラフトビールを飲んでみましたか。

B：**아뇨. 아직 못 마셔 봤어요.**

いいえ。まだ飲めていません(←飲んでみることができませんでした)。

やってみよう

❶ **호떡을 먹다** ホットクを食べる

※**호떡**：屋台で売られるおやきの一種。中には餡やチーズなどが入る。

❷ **외국에 살다** 〔外国－〕外国に住む

❸ **남대문시장에 가다** 〔南大門市場－〕南大門市場に行く

※**남대문시장**：ソウルにある伝統的な市場。雑多な雰囲気。

※p.270に続く。

2 （　）の動詞を「～ますね」という形にしてみましょう。

>> ここが要点❷

例 **피곤해요. 그러니까 오늘은 일찍 （자다：寝る）.**

→피곤해요. 그러니까 오늘은 일찍 잘게요.

疲れました。だから、今日は早く寝ますね。

やってみよう

❶ **천천히 오셔도 돼요. 제가 자리를 （잡다：とる）.**

ゆっくりいらっしゃってもよいですよ。わたくしが席をとりますね。

❷ **한국어를 일년 배웠어요.**
그래서 오늘은 한국어로 편지를 （쓰다：書く）.

韓国語を1年習いました。だから、今日は韓国語で手紙を書きますね。

❸ **연락 주세요. （기다리고 있다：待っている）.**

連絡下さい。待っていますね。

第48課の問題

1 会話を組み立ててみましょう。

>> ここが要点❶

例1 **눈이 내리다** 雪が降る

A：**눈이 내려요?** 雪が降りますか。

B：**아뇨. 내리지 않아요.** いいえ。降りません。

やってみよう

❶ **치마를 입다** スカートをはく（←着る）

❷ **학교에 다니다** 〔学校－〕学校に通う

例2 **돈을 받다** 金をもらう

A：**돈을 받았어요?** 金をもらいましたか。

B：**아뇨. 받지 않았어요.** いいえ。もらいませんでした。

やってみよう

❸ **가방에 넣다** かばんに入れる

❹ **남동생에게 주다**〔男同生－〕弟にあげる

2 (　)の動詞を「～んですよ」という形にしてみましょう。

>> ここが要点❷

例 **내일 티비를 꼭 봐 주세요.**

제가 (뉴스에 나오다：ニュースに出る)**.**

→내일 티비를 꼭 봐 주세요. 제가 뉴스에 나오거든요.

明日テレビを必ず見て下さい。わたくしがニュースに出るんですよ。

やってみよう

❶ **이 책을 읽어 보세요. 정말 (재미있다**：面白い)**.**

この本を読んでみて下さい。本当に面白いんですよ。

❷ **이 노트북을 쓰면 안 돼요. 선생님이 (쓰시다**：お使いになる)**.** このノートパソコンを使ってはいけません。先生がお使いになるんですよ。

❸ **여기에서는 사진을 찍지 마세요.**

여기에서 (찍으면 안 되다：撮ってはいけない)**.**

ここでは写真を撮らないで下さい。ここで撮ってはいけないんですよ。

●解答

［第45課］ ❶친구가 의자에 앉아 있어요. ❷케이팝에 빠져 있어요. ❸지갑이 바닥에 떨어져 있어요.

［第46課］ **1** ❶ A：창문을 열어 주세요. ❷ A：메일 주소를 알려 주세요. ❸ A：돈을 내 주세요. **2** ❶ A：스마트폰을 샀죠? B：네. 샀어요. ❷ A：사람이 많이 없었죠? B：네. 없었어요. ❸ A：여기에 쓰레기를 버렸죠? B：네. 버렸어요.

［第47課］ **1** ❶ A：호떡을 먹어 봤어요? B：아뇨. 아직 못 먹어 봤어요. ❷ A：외국에 살아 봤어요? B：아뇨. 아직 못 살아 봤어요. ❸ A：남대문시장에 가 봤어요? B：아뇨. 아직 못 가 봤어요. **2** ❶잡을게요 ❷쓸게요 ❸기다리고 있을게요

［第48課］ **1** ❶ A：치마를 입어요? B：아뇨. 입지 않아요. ❷ A：학교에 다녀요? B：아뇨. 다니지 않아요. ❸ A：가방에 넣었어요? B：아뇨. 넣지 않았어요. ❹ A：남동생에게 줬어요? B：아뇨. 주지 않았어요. **2** ❶재미있거든요 ❷쓰시거든요 ❸찍으면 안 되거든요

今月の復習❸

WEEK9（第33～36課）

解答例➡ p.286

1 会話を組み立ててみましょう。

例 **콘서트에 가다** 〔concert－〕コンサートに行く

A：**콘서트에 갔어요?** コンサートに行きましたか。

B：**아뇨. 아직 못 갔어요.** いいえ。まだ行けていません。

やってみよう

❶ **계획을 세우다** 〔計画－〕計画を立てる
❷ **유자차를 마시다** 〔柚子－〕ゆず茶を飲む
❸ **사전을 찾다** 〔辞典－〕辞書を引く（←探す）
❹ **핸드폰을 사다** 〔hand phone－〕携帯電話を買う
❺ **생일 선물을 주다** 〔生日 膳物－〕誕生日プレゼントをあげる

2 韓国語に訳してみましょう。

例 このドラマ（**드라마**）はまだ見ていません。［**보다**］

이 드라마는 아직 안 봤어요.

やってみよう

❶ 最近（**요즘**）、どのように（**어떻게**）過ごし（てい）ますか。［**지내다**］
❷ 済州島（**제주도**）はソウルより（**보다**）暖かいですか。［**따뜻하다**］
❸ わたくしも本放送（**본방송**）を見られませんでした。［**보다**］
❹ （例の）あの方（**그분**）は先生（**선생님**）ではありませんでした。学生（**학생**）でした。［**아니다**，**－이다**］
❺ ピザ（**피자**）はどのぐらい（**얼마나**）余っていますか。［**남다**］

WEEK10（第37～40課）

解答例➡ p.286 ～ 287

1 会話を組み立ててみましょう。

例 **병원에 가다**〔病院－〕病院に行く

A：**할아버지는 어제 병원에 가셨어요?**
おじいさんは昨日、病院に行かれましたか。

B：**아뇨. 오늘 가세요.** いいえ。今日、行かれます。

やってみよう

❶ **차를 씻다**〔車－〕車を洗う
❷ **그 잡지를 사다**〔－雑誌－〕その雑誌を買う
❸ **한복을 입다**〔韓服－〕韓服（朝鮮半島の伝統衣装）を着る
❹ **골프를 치다**〔golf－〕ゴルフをする（←打つ）
❺ **이 책을 읽다**〔－冊－〕この本を読む

---

2 韓国語に訳してみましょう。

例 この書類（**서류**）は、鉛筆（**연필**）でお書きになりましたか。
［**쓰다**］〈尊敬＋過去〉
이 서류는 연필로 쓰셨어요?

やってみよう

❶ 日曜日の朝（**아침**）は、何時（**몇 시**）に起きられますか。
［**일어나다**］〈尊敬〉
❷ 9時から5時まで働かれました。［**일하다**］〈尊敬＋過去〉
❸ この席（**자리**）にお座りになりましたか。［**앉다**］〈尊敬＋過去〉
❹ 学校の前で待ちましょうか。［**기다리다**］
❺ 週末（**주말**）に韓国の小説（**소설**）を読もうと思います。［**읽다**］

WEEK11（第41～44課）

解答例➡ p.287

1 해요体の疑問形、平叙形を作って、会話を組み立ててみましょう。

例 **회의에 늦으면 안 되다**〔会議－〕会議に遅れてはいけない

A：**회의에 늦으면 안 돼요?** 会議に遅れてはいけませんか。

B：**네. 늦으면 안 돼요.** はい。遅れてはいけません。

やってみよう

1. **영어로 말하고 있다**〔英語－〕英語で話している
2. **닭고기를 먹고 싶다** 鶏肉が（←を）食べたい
3. **트위터를 팔로우해도 되다**〔Twitter－follow－〕Twitterをフォローしてもよい
4. **블랙핑크를 좋아하다**〔BLACKPINK－〕BLACKPINKが（←を）好きだ
5. **다섯시까지 끝내야 되다**〔－時－〕5時までに終わらせなければならない

2 韓国語に訳してみましょう。

例 今日は昨日より寒いですねぇ。［**춥다**］

오늘은 어제보다 춥네요.

やってみよう

1. あのとき（**그때**）、友達とご飯（**밥**）を食べていました。［**먹다**］
2. まず（**먼저**）3人分（**인분**）注文しましょうか。［**시키다**］
3. わたくしは20歳（**살**）ではありません。［**아니다**］
4. 今日も友達に（←を）会うつもりですか。［**만나다**］
5. 明日は朝（**아침**）から夜（**밤**）まで雪（**눈**）が降るでしょう。［**내리다**］

WEEK12（第45～48課）

解答例➡ p.287

1 해요体の疑問形、平叙形を作って、会話を組み立ててみましょう。

例 **창문이 열려 있다**〔窓門－〕窓が開いている

A：**창문이 열려 있어요?** 窓が開いていますか。

B：**네. 열려 있어요.** はい。開いています。

やってみよう

❶ **자리에 앉아 있다** 席に座っている

❷ **낫토를 먹어 봤다**〔納豆－〕納豆を食べてみた

❸ **밖에 나가지 않다** 外に出ない

❹ **축구를 잘하지 못하다**〔蹴球－〕
サッカーが（←を）上手にできない

❺ **우산을 사지 않았다**〔雨傘－〕 傘を買わなかった

---

2 韓国語に訳してみましょう。

例 ここにごみを捨てないで下さい。［**버리다**］
여기에 쓰레기를 버리지 마세요.

やってみよう

❶ この道（**길**）をまっすぐ（**쭉**）行って下さい。［**가다**］そして、次の信号（**다음 신호등**）で右に（**으로**）曲がって下さい。［**꺾다**］

❷ ちょっと（**좀**）難しいですよね。［**어렵다**］でも、心配しないで下さい。［**걱정하다**］わたくしが全部（**다**）教えてあげますよ。
［**가르쳐 주다**］

❸ これ、一度（**한번**）召し上がってみて下さい。［**드셔 보다**］
本当に（**정말**）おいしいんですよ。［**맛있다**］

\ 使える！ /

丸覚えフレーズ㉓～㉘

㉓ 하나 둘 셋!

はい、チーズ！　せーの！（←ひとつ　ふたつ　みっつ！）

写真を撮るときに使われるフレーズです。»第20課で学んだ固有数詞が使われていますね。

㉔ 식사하셨어요?

食事なさいましたか。

かつて日々の食事をすることが困難であった時代には、食事をしたかを尋ねることで相手の健康を気遣う習慣がありました。今でもその名残でこのような表現が使われることがあります。

㉕ 전화번호가 어떻게 되세요?

電話番号を教えていただけませんか。

（←電話番号は〈←が〉どのようになられますか）

電話番号を丁寧に尋ねる表現です。何かを尋ねるとき、-이/가 어떻게 되세요?（～をお教えいただけませんか〈←～がどのようになられますか〉）という表現がよく使われます。

연세가 어떻게 되세요? （お歳は）おいくつでいらっしゃいますか。
메일 주소가 어떻게 되세요? メールアドレスを教えていただけませんか。
성함이 어떻게 되세요? お名前を教えていただけませんか。

26 하나 가져가도 돼요?

1つもらってもよいですか。(←1つ持っていってもよいですか)

가져가다は「持っていく」という意味です。例えば、博物館に置いてあるパンフレットを1部もらいたいときに、このように尋ねてみましょう。OKならば、**네. 가져가세요.**(はい。お持ち下さい〈←持っていって下さい〉)と答えてくれるでしょう。

27 날씨가 좋네요!

いい天気ですねぇ！(←天気が、いいですねぇ！)

日本語では「いい天気ですねぇ」というのが自然ですが、**韓国語では語順が逆**になっていることに注意しましょう。

28 무슨 띠예요?

何年生まれですか。干支は何ですか。(←どんな干支ですか)

띠は「干支」という意味。韓国でも干支により生まれた年を言うことがあります。十二支は次のように言います。

쥐 ねずみ、子	**소** 牛、丑	**호랑이**〔虎狼－〕虎、寅
토끼 うさぎ、卯	**용**〔龍〕竜、辰	**뱀** 蛇、巳
말 馬、午	**양**〔羊〕羊、未	**원숭이** 猿、申
닭 鳥／鶏、酉	**개** 犬、戌	**돼지**(←豚)猪、亥

「～年(生まれ)」は「十二支＋**띠**」です。(例：**개 띠**〈戌年生まれ〉)

次のステップに進むために

ここでは本書で扱うことができなかった文法のうち、今後の学習のために知っておくとよいものをいくつか紹介しましょう。

● 합니다体

›› 第 30、31、33 課 で日本語の「〜です、〜ます体」に相当する**해요体**について学びました。実は韓国語には「〜です、〜ます体」が2種類あって、もう1つの文体を**합니다体**といいます。**해요体**が柔らかく、女性が好んで使う文体であるのに対し、**합니다体**はより硬く丁寧で、男性が多く使うという違いがあります。**합니다体**の平叙形/疑問形は、**基本形から-다をとった形の最後の文字**をみて、次のように語尾をつけます。

基本形から-**다**をとった形の最後の文字が

> 母音で終わる（終声字がない）場合は、**-ㅂ니다 / ㅂ니까?** をつける。
> 子音で終わる（終声字がある）場合は、**-습니다 / 습니까?** をつける。

부르다	歌う	**부릅니다 / 부릅니까?**	歌います（か）
드시다	召し上がる	**드십니다 / 드십니까?**	召し上がります（か）
웃다	笑う	**웃습니다 / 웃습니까?**	笑います（か）
낮다	低い	**낮습니다 / 낮습니까?**	低いです（か）

ところで、1つ気をつけたいのは、基本形から-**다**をとった形の最後の文字が**-ㄹで終わる場合**です。この場合は、**-다の前の-ㄹをとったあと、-ㅂ니다/ㅂ니까?** をつけます。

팔다	売る	**팝**니다 / **팝**니까?	売ります（か）
놀다	遊ぶ	**놉**니다 / **놉**니까?	遊びます（か）
살다	住む	**삽**니다 / **삽**니까?	住みます（か）
만들다	作る	**만듭**니다 / **만듭**니까?	作ります（か）

● ㄹ語幹用言

基本形から－**다**をとった形の最後の文字が－ㄹで終わる用言は、ㄹ語幹用言とよばれ、（上でみた**합니다**体以外にも）一部、不規則な活用をします。

①活用形Ⅱで－**으**－が入らない

››第37課 で学んだように基本形から－**다**をとった形が子音で終わる（終声字がない）場合、活用形Ⅱは－**으**－をつけた形になりますが、－**ㄹ**で終わる用言の場合は、この－으－が入りません。Ⅱ－**면 안 돼요**（～てはいけません：不許可）をつけた形をみてみましょう。

팔다	売る	Ⅱ **팔**－（**팔으**－ ×）	**팔면 안 돼요**	売ってはいけません
놀다	遊ぶ	Ⅱ **놀**－（**놀으**－ ×）	**놀면 안 돼요**	遊んではいけません

②－**ㄹ**がなくなることがある

Ⅰ－**네요**（～ますねぇ：詠嘆）、Ⅱ－**세요**（～〈ら〉れます：尊敬）など、活用形Ⅰ、Ⅱの後にㅅ、ㅂ、ㄹ（終声字）、ㄴから始まる語尾類がつくときには、それぞれ活用形の最後の－ㄹがなくなってしまいます。

팔다	売る	ⅠⅡ **팔**－	**파네요**	売っていますねぇ	**파세요**	売られます
놀다	遊ぶ	ⅠⅡ **놀**－	**노네요**	遊んでいますねぇ	**노세요**	遊ばれます

● 으語幹用言

－**다**の前が**ㅡ**で終わる用言、つまり－**ㅡ다**という基本形を持つ用言は、次のページに示すように活用形Ⅲで不規則なかたちになることがあります。このような用言を으語幹用言といいます。

으語幹用言の活用形Ⅲの作り方

例 **바쁘다**（忙しい）、**기쁘다**（嬉しい）

❶ 基本形（○○다）から-**다**とその前のㅡをとる。 例 **바ㅃ-**、**기ㅃ-**

❷ ㅡの前の文字の母音が
- ㅏ／ㅗ の場合は、ㅡの代わりに-ㅏ-をつける。 例 **바빠-**
- ㅏ／ㅗ 以外の場合は、ㅡの代わりに-ㅓ-をつける。 例 **기뻐-**

※ただし、**크다**（大きい）、**쓰다**（書く、使う）のようにㅡの前に文字がない場合には、一律に-ㅓ-がつく。 例 **커-**、**써-**

いくつかの用言にⅢ-**요**（〜です〈か〉、〜ます〈か〉：**해요体**）、Ⅲ-**ㅆ어요**（〜でした〈か〉、〜ました〈か〉：過去の**해요体**）をつけてみましょう。

바쁘다	忙しい	Ⅲ**바빠-**	**바빠요**	忙しいです	**바빴어요**	忙しかったです
아프다	痛い	Ⅲ**아파-**	**아파요**	痛いです	**아팠어요**	痛かったです
기쁘다	嬉しい	Ⅲ**기뻐-**	**기뻐요**	嬉しいです	**기뻤어요**	嬉しかったです
예쁘다	かわいい	Ⅲ**예뻐-**	**예뻐요**	かわいいです	**예뻤어요**	かわいかったです
끄다	（電気を）消す	Ⅲ**꺼-**	**꺼요**	消します	**껐어요**	消しました

● ㅂ変則用言

基本形の-**다**の前がㅂで終わる用言、つまり-**ㅂ다**という基本形を持つ用言は、次のように活用形Ⅱ、Ⅲで不規則なかたちになることがあります。このような用言をㅂ（**비읍**）変則用言といいます。ㅂ変則用言では、

❶ 活用形Ⅱで-**다**の前のㅂがなくなり、-**우**-がつく。
❷ 活用形Ⅲで-**다**の前のㅂがなくなり、-**워**-がつく。

という特別な活用をします。

規則的な活用をする用言と比較してみましょう。

	基本形	活用形I	活用形II	活用形III
ㅂ変則用言	**춥다** 寒い	**춥－**	**추우－**	**추워－**
	맵다 辛い	**맵－**	**매우－**	**매워－**
規則用言	**입다** 着る	**입－**	**입으－**	**입어－**
	좁다 狭い	**좁－**	**좁으－**	**좁아－**

ㅂ変則用言は形容詞に多いという特徴があります。いくつかの用言にII－**ㄹ까요**?（～でしょうか：推量）、III－**요**（～です〈か〉：**해요**体）をつけてみましょう。

춥다	寒い	**추울까요?**	寒いでしょうか	**추워요**	寒いです
덥다	暑い	**더울까요?**	暑いでしょうか	**더워요**	暑いです
맵다	辛い	**매울까요?**	辛いでしょうか	**매워요**	辛いです
가볍다	軽い	**가벼울까요?**	軽いでしょうか	**가벼워요**	軽いです
무겁다	重い	**무거울까요?**	重いでしょうか	**무거워요**	重いです

韓国語にはこのように不規則な活用をする用言がいくつか存在します。これからの学習で少しずつ慣れていくようにしましょう。

● 文を長くするために

本書では基礎の徹底強化を目指すために、いわゆる複文とよばれる長い文は使ってきませんでした。しかし、今後中級レベルに進むにあたって、長い文を作る練習も必要になってきます。ここでは、文を長くする際に用いられる便利な文型をいくつか紹介しましょう。

● Ⅰ －고「～て」〈並列〉

점심에는 짜파게티를 먹고 저녁에는 간장게장을 먹을 거예요. ［**먹다**：食べる］

昼ご飯にはチャパゲティを食べて、夕ご飯にはカンジャンケジャン（蟹のしょうゆ漬け）を食べるつもりです。

※**짜파게티**：**짜장면**（ジャージャー麵）と**스파게티**（スパゲッティ）を合わせたインスタントラーメンのブランド。

● Ⅱ －면「～ば、～たら」〈仮定・条件〉

일본에 오면 꼭 연락 주세요. ［**오다**：来る］

日本に来たら、必ず連絡ください。

● Ⅱ －면서「～ながら」〈同時並行〉

유타 씨는 영화를 보면서 통화하고 있네요.

［**보다**：見る］

悠太さんは、映画を見ながら、電話（←通話）していますねぇ。

● Ⅱ －니까「～から、～ので」〈理由〉

히나 씨는 성격이 좋으니까 인기가 많죠?

［**좋다**：いい、よい］※**성격**［**성껵**］ **인기**［**인끼**］

陽菜さんは性格がいいから、人気がありますよね（←多いですよね）。

● Ⅲ －서「～ので、～て」〈理由・先行動作〉

시간이 없어서 N서울타워에 못 갔어요.

［**없다**：ない］

時間がないので、Nソウルタワーに行けませんでした。

친구하고 가로수길에 가서 커피를 마셨거든요.

［**가다**：行く］

友達とカロスキルに行って、コーヒーを飲んだんですよ。

※**가로수길[가로수낄]：강남구 신사동**（江南区 新沙洞）にある街路樹通り。カフェやブランドショップなどが立ち並ぶ。

★指定詞 **-아다**（〜だ、〜である）、**-이/가 아니다**（〜ではない）は、**-이라서**（〜なので）、**-이/가 아니라서**（〜ではないので）という形になります。

원 플러스 원이라서 많이 샀어요. ［**-이다**：〜だ］

１こ買うと、もう１こサービス（１＋１）なので、たくさん買いました。

おわりに

コロナ禍の中、オンライン授業の合間をぬって書いてきたこの本を世に送り出せることを心からうれしく思います。こんな時代の中でも確かな韓国語の学びをサポートしたい。そんな思いで書き続けてきたこの本は、私の韓国語教師歴10年の集大成でもあります。少しでも読者の皆様に韓国語の魅力を伝えることができたなら、こんなにうれしいことはありません。

本書を書くにあたって、多くの方のお世話になりました。黒島規史先生、高在弼先生、山崎玲美奈先生、徐旻廷先生、朴天弘先生には校正や音声録音の過程で多大なご協力をいただきました。そのほか、慶應義塾大学 湘南藤沢キャンパス（SFC）の学生諸君、本書の制作にかかわって下さった全ての皆様に心から御礼申し上げます。

本書で学んだことは、韓国語の基礎の基礎。まだ学ぶべきことは残っていますが、本書を読み終わった皆さんなら、この先も安心して学んでいくことができるはずです。これからも韓国語の勉強を楽しみながら続け、いつか隣国の友人と韓国語で心を交わせる日がくることを願っています。

高木丈也

今月の復習

解答例

●今月の復習❶

［WEEK1（第1〜4課）］

1 ❶ b　❷ a　❸ b　❹ a　❺ a　❻ a

2 ❶［more モレ］　❷［nɔja ノヤ］　❸［ɔmɔni オモニ］　❹［namu ナム］
❺［ore オレ］　❻［anija アニヤ］　❼［menju メニュ］　❽［anjo アニョ］
❾［nejo ネヨ］　❿［murjo ムリョ］　⓫［mojɔjo モヨヨ］　⓬［mjɔnɯri ミョヌリ］
⓭［ujujo ウユヨ］　⓮［inoreja イノレヤ］

3 ❶나무　❷오래　❸무료　❹아뇨　❺어머니　❻며느리

［WEEK2（第5〜8課）］

1 ❶ a　❷ b　❸ a　❹ b　❺ b　❻ a

2 ❶［pada パダ］　❷［sagwa サグァ］　❸［p^{h}at^{h}i パティ］　❹［hewe ヘウェ］
❺［tʃ^{h}age チャゲ］　❻［sai サイ］　❼［abɔdʒi アボヂ］　❽［mewɔjo メウォヨ］
❾［rɔʃia ロシア］　❿［p^{h}iano ピアノ］　⓫［k^{h}eik^{h}ɯ ケイク］　⓬［tʃ^{h}weedo チウェエド］
⓭［jɔgidʒɔgi ヨギヂョギ］　⓮［arɯbait^{h}ɯ アルバイトゥ］

3 ❶해외　❷사이　❸파티　❹매워요　❺피아노　❻러시아

［WEEK3（第9〜12課）］

1 ❶ b　❷ b　❸ b　❹ a　❺ b　❻ a

2 ❶［tʃ^{h}um チュㇺ］　❷［undoŋdʒaŋ ウッドんヂャん］　❸［kɯru^{p} クルㇷ゚］
❹［k^{h}ak^{h}aot^{h}o^{k} カカオトㇰ］　❺［samuʃil サムシㇽ］　❻［sadʒin サヂッ］
❼［mal^{ʔ}sɯm マㇽッスㇺ］　❽［o^{t} オッ］　❾［i^{kʔ}ta イㇰッタ］　❿［sadʒaŋnim サヂャんニㇺ］
⓫［kɯ^{ʔ}te クッテ］　⓬［^{ʔ}tʃige ッチゲ］　⓭［adʒɔ^{ʔ}ʃi アヂョッシ］
⓮［^{ʔ}palli ッパㇽリ］　※ㄹ＋ㄹ→［ll］　⓯［baŋt^{h}ansonjɔndan バんタッソニョッダッ］

3 ❶옷　❷사진　❸말씀　❹빨리　❺아저씨　❻운동장

[WEEK4（第13～16課）]

1 ❶ b　❷ a　❸ b　❹ a　❺ a　❻ b

2 ❶ [ɯma^{k} ウマㇰ]　❷ [kɯ^{kʔ}tʃaŋ クㇰッチャん]　❸ [ʃimnjɔn シㇺニョン]　❹ [nɔtʃ^{h}iman ノチマン]
❺ [su^{tʔ}kara^{k} スッッカラㇰ]　❻ [nadʒuɲe ナヂュんエ]　❼ [ak^{h}wa アコァ]
❽ [kuŋmul クんムㇽ]　❾ [jɔk^{ʔ}sa ヨクッサ]　❿ [tʃagajo チャガヨ]　⓫ [^{ʔ}tɔ^{kʔ}po^{ʔ}ki ットクッポッキ]
⓬ [^{ʔ}palgak^{h}o ッパㇽガコ]　⓭ [kɔnnejo コッネヨ]　⓮ [tʃa^{pʔ}tʃi チャㇷ゚ッチ]
⓯ [tʃap^{h}ida チャピダ]　⓰ [hanguŋnore ハングんノレ]　⓱ [po^{kʔ}tʃap^{h}ejo ポクッチャペヨ]
⓲ [mjɔt^{h}aŋnjɔn ミョタんニョン]　⓳ [ɔp^{ʔ}sɔjo オプッソヨ]　⓴ [ilgɔ^{ʔ}sɔjo イㇽゴッソヨ]

●今月の復習❷

[WEEK6（第21～24課）]

1 ❶ **A**：안녕하세요? 저는 스즈키 모에예요.　**B**：반갑습니다. 스즈키 씨. …
❷ **A**：안녕하세요? 저는 다카다 아오이예요.　**B**：반갑습니다. 다카다 씨. …
❸ **A**：안녕하세요? 저는 오타 켄이에요.　**B**：반갑습니다. 오타 씨. …
❹ **A**：안녕하세요? 저는 박다현이에요.　**B**：반갑습니다. 박다현 씨. …
❺ **A**：안녕하세요? 저는 이정국이에요.　**B**：반갑습니다. 이정국 씨. …

2 ❶ **A**：이것이 지수 씨 볼펜이에요?　**B**：아뇨. 그것은 제 볼펜이 아니에요.
❷ **A**：이것이 지수 씨 충전기예요?　**B**：아뇨. 그것은 제 충전기가 아니에요.
❸ **A**：이것이 지수 씨 교복이에요?　**B**：아뇨. 그것은 제 교복이 아니에요.
❹ **A**：이것이 지수 씨 가방이에요?　**B**：아뇨. 그것은 제 가방이 아니에요.
❺ **A**：이것이 지수 씨 담배예요?　**B**：아뇨. 그것은 제 담배가 아니에요.
❻ **A**：이것이 지수 씨 티머니예요?　**B**：아뇨. 그것은 제 티머니가 아니에요.

[WEEK7（第25～28課）]

1 ❶ **A**：이 사람이 누구예요?　**B**：개그맨이에요.
❷ **A**：저것이 뭐예요?　**B**：사탕이에요.
❸ **A**：화장실이 어디예요?　**B**：저기예요.
❹ **A**：거기가 어디예요?　**B**：공원이에요.
❺ **A**：생일이 언제예요?　**B**：모레예요.

2 ❶ 생일은 유월 팔일이에요. －아. 유월 팔일이요?
❷ 오늘은 목요일이에요. －아. 목요일이요?
❸ 지금 열두시예요. －아. 열두시요?
❹ 벌써 두시 오십분이에요. －아. 두시 오십분이요?
❺ 회의는 다음 주예요. －아. 다음 주요?

[WEEK8（第29～32課）]

1 ❶ **A**：어디에서 돈을 받아요? **B**：사무실에서 받아요.
❷ **A**：어디에서 차를 씻어요? **B**：주차장에서 씻어요.
❸ **A**：어디에서 동생을 기다려요? **B**：여기에서 기다려요.
❹ **A**：어디에서 드라마를 봐요? **B**：집에서 봐요.
❺ **A**：어디에서 민규 씨에게 선물을 줘요? **B**：술집에서 줘요.

2 ❶이 생선이 제일 맛있어요.
❷그 사람도 여기에 와요?
❸매일 한국어 단어를 몇 개 외워요?
❹어디에서 막걸리를 마셔요?
❺신촌에서 같이 짜장면을 먹어요.

●今月の復習❸

[WEEK9（第33～36課）]

1 ❶ **A**：계획을 세웠어요? **B**：아뇨. 아직 못 세웠어요.
❷ **A**：유자차를 마셨어요? **B**：아뇨. 아직 못 마셨어요.
❸ **A**：사전을 찾았어요? **B**：아뇨. 아직 못 찾았어요.
❹ **A**：핸드폰을 샀어요? **B**：아뇨. 아직 못 샀어요.
❺ **A**：생일 선물을 줬어요? **B**：아뇨. 아직 못 줬어요.

2 ❶요즘 어떻게 지내요?
❷제주도는 서울보다 따뜻해요?
❸저도 본방송을 못 봤어요.
❹그분은 선생님이 아니었어요. 학생이었어요.
❺피자는 얼마나 남았어요?

[WEEK10（第37～40課）]

1 ❶ **A**：할아버지는 어제 차를 씻으셨어요? **B**：아뇨. 오늘 씻으세요.
❷ **A**：할아버지는 어제 그 잡지를 사셨어요? **B**：아뇨. 오늘 사세요.
❸ **A**：할아버지는 어제 한복을 입으셨어요? **B**：아뇨. 오늘 입으세요.
❹ **A**：할아버지는 어제 골프를 치셨어요? **B**：아뇨. 오늘 치세요.
❺ **A**：할아버지는 어제 이 책을 읽으셨어요? **B**：아뇨. 오늘 읽으세요.

2 ❶일요일 아침은/아침에는 몇 시에 일어나세요?
❷아홉시부터 다섯시까지 일하셨어요.

❸이 자리에 앉으셨어요?
❹학교 앞에서 기다릴까요?
❺주말에 한국 소설을 읽으려고 해요.

[WEEK11(第41～44課)]

1 ❶ A:영어로 말하고 있어요? B:네. 영어로 말하고 있어요.
❷ A:닭고기를 먹고 싶어요? B:네. 닭고기를 먹고 싶어요.
❸ A:트위터를 팔로우해도 돼요? B:네. 트위터를 팔로우해도 돼요.
❹ A:블랙핑크를 좋아해요? B:네. 블랙핑크를 좋아해요.
❺ A:다섯시까지 끝내야 돼요? B:네. 다섯시까지 끝내야 돼요.

2 ❶그때 친구하고 밥을 먹고 있었어요.
❷먼저 삼인분 시킬까요?
❸저는 스무 살이 아니에요.
❹오늘도 친구를 만날 거예요?
❺내일은 아침부터 밤까지 눈이 내릴 거예요.

[WEEK12(第45～48課)]

1 ❶ A:자리에 앉아 있어요? B:네. 앉아 있어요.
❷ A:낫토를 먹어 봤어요? B:네. 먹어 봤어요.
❸ A:밖에 나가지 않아요? B:네. 나가지 않아요.
❹ A:축구를 잘하지 못해요? B:네. 잘하지 못해요.
❺ A:우산을 사지 않았어요? B:네. 사지 않았어요.

2 ❶이 길을 쭉 가세요. 그리고 다음 신호등에서 오른쪽으로 꺾으세요.
❷좀 어렵지요(어렵죠)? 그런데 걱정하지 마세요. 제가 다 가르쳐 줄게요.
❸이거 한번 드셔 보세요. 정말 맛있거든요.

髙木丈也（Takeya Takagi）

慶應義塾大学総合政策学部専任講師。専門は韓国語学（博士（文学））。のべ3000人の学生に韓国語を教えてきた経験から、どこで初心者がつまずくのか、学ぶ上で基礎となるポイントはどこか、を見出す。研究者として培った知識も生かし、初心者が効率的に学ぶために作り上げたカリキュラムが本書となる。著書に『中国朝鮮族の言語使用と意識』（くろしお出版）、『ハングル ハングルⅠ・Ⅱ』（共著、朝日出版社）など。2016年 朝鮮学会研究奨励賞受賞。2019年度より『まいにちハングル講座』（NHK出版）に「目指せ合格！ハングル検定～攻略のカギ～」を好評連載中。担当する慶大の韓国語の授業は、毎学期、定員を超える学生が受講を希望する。

ホームページ　https://t-takagi.jimdofree.com/

慶大の超人気授業が本になった！
本当によくわかる韓国語初級

2021年11月18日　初版発行
2024年 4 月25日　５版発行

著者　髙木丈也

発行者　山下直久
発行　株式会社KADOKAWA
〒102-8177
東京都千代田区富士見2-13-3
電話　0570-002-301（ナビダイヤル）

印刷所／大日本印刷株式会社

●お問い合わせ
https://www.kadokawa.co.jp/（「お問い合わせ」へお進みください）
※内容によってはお答えできない場合があります。
※サポートは日本国内のみとさせていただきます。
※Japanese text only

定価はカバーに表示してあります。

ISBN 978-4-04-897118-8　C0087